Extra- Meilen
Meine Wanderung auf dem Appalachian Trail

*Maren Nielsen*

Ein Reisetagebuch

Impressum

Copyrights by M. Nielsen
mmtrail2014.blogger.de
Fotos: M. Nielsen

Lübeck 2014

Herstellung und Verlag: BoD - Books on Demand, Norderstedt

ISBN 978-3-7460-3792-9

Ich danke meiner Familie, meinen Freunden und allen, die mich bei den Vorbereitungen mit viel Geduld unterstützt haben.

Und ein großes Danke geht an meinen Mann, der vermutlich einige schlaflose Nächte hatte, als ich drüben in der Wildnis unterwegs war.


Maren Nielsen
aka talking shoe

2014

Die folgenden Zeilen sind meine Beschreibungen der Erlebnisse und Personen. Sie weichen an einigen Stellen von der Realität ab, ob gewollt oder ungewollt.

Namen wurden geändert zum Schutz ihrer Privatspäre.

Ich war zwei mal auf dem Appalachian Trail und würde sofort wieder losgehen.

Bis ich ihn vielleicht schaffe.

# Inhaltsverzeichnis

## Extra- Meilen

## Meine Wanderung auf dem Appalachian Trail

## Die Vorbereitungen

Der ganze Traum begann, als ich 2009 im Fernsehen die Dokumentation „3000 km - zu Fuß durch die Wildnis Amerikas" sah. Da war es um mich geschehen, ich wollte auf den Appalachian Trail. Keine Ahnung wann und wie, aber genau dorthin wollte ich. Mein Mann war davon nicht so angetan wie ich, unterstützte mich aber in meinem Vorhaben.

Ich las viel über den Trail im internet und fand dort verschiedene Karten. Der Appalachian Trail existiert seit über 100 Jahren und verläuft an der Ostküste der USA durch 14 Bundesstaaten von Springer Mountain in Georgia bis zum Mount Katahdin in Maine. Er verbindet die Gebirge entlang der Ostküste und verläuft durch die Appalachen.

Das sind etwa 2100 Meilen oder ca. 5 Millionen Schritte durch die Wildnis. Jedes Jahr starten etwa 3000 Hiker (Wanderer), die den gesamten Trail wandern wollen. Bis zum Ende schaffen es etwa 5 %. Viele Hiker gehen die Hälfte der Strecke in Richtung Norden oder Süden (section hiker) oder auch nur Abschnitt für Abschnitt. Geschlafen wird draußen in der Natur. Dazu wurden auf dem Trail in gewissen Abschnitten Shelter gebaut. Shelter sind zu drei Seiten geschlossene einfache Hütten mit Dach, die nicht ebenerdig gebaut sind. Meist ist in der Nähe eine Wasserquelle und ein Privy (Plumpsklo). Wer nicht im Shelter schlafen möchte, nimmt ein Zelt oder eine Hängematte mit.

Die **ATC** [1] und **PATC** [2] sind zwei der großen Vereine, die sich ehrenamtlich um den Erhalt des Wanderweges und der Schutzhütten mit Privy und Feuerstelle kümmern, sie Instand halten oder neue Hütten bauen.

Die Appalachen gehören zu den ältesten Gebirgen der Welt. Sie waren vor Jahrtausenden höher als das Himalajagebirge. Mittlerweile schrumpfen die Appalachen bedingt durch die Kontinentalplattenverschiebungen, die Umweltbelastung und Erosion durch Wind, Regen und Frost.

Der Mount Washington mit 6288 ft (1917 m) oder der Mount Katahdin mit 5267 ft (1605 m) sind die höchsten Berge auf dem Trail.

Einige Wochen, nachdem die Dokumentation im Fernsehen gezeigt wurde, traf ich einen Freund, Thomas, und berichtete ihm von dem Trail. Er hatte die Dokumentation auch gesehen und es ging ihm wie mir, er wollte dorthin. Wir überlegten, welche Möglichkeiten es gäbe, für längere Zeit frei zu bekommen, z B Urlaub ansparen oder ein Sabbat zu nehmen.

Nach etwas Rechnerei beantragten wir jeder ein Sabbat und entschieden, in 2014 für einige Monate zum AT zu reisen. Mein Mann behielt es sich noch vor, mitzukommen.

Anfänglich zogen sich die Jahre und Monate hin und es war so weit weg. Aber 2013 ging es dann zügiger. Wir beantragten bei der Amerikanischen Botschaft in Berlin ein Visa und mussten dazu dort auch persönlich erscheinen. Nach einem kurzen Interview mit einem der Beamten der US- Botschaft erhielten wir die Zusage, ein Visa für mindestens 6 Monate zu bekommen. Obwohl der Mitarbeiter die Augenbrauen hochzog, als wir von unserem Vorhaben erzählten. Der muss uns für verrückt gehalten haben.

---

[1] Appalachian Trail Conservancy
[2] Potomac Appalachian Trail Conservancy

Eine Woche später hatten wir unsere Pässe mit Visa für 10 Jahre im Briefkasten!

Unsere Planung war, in der Mitte des Trails zu starten und nordwärts bis zum Mount Katahdin in Maine zu gehen. Also ca. 1000 Meilen, 1600 km in vier Monaten.

Der Flug wurde gebucht und der Rückflug aus Kostengründen gleich mit. Es ist günstiger umzubuchen als einen neuen Flug zu buchen. Als wir aus zeitlichen Gründen schon im April starten mussten, weil Thomas im August spätestens zurück sein musste, stieg mein Mann bei den Planungen aus. Er war der Ansicht, daß es im April noch zu kalt sein könnte, um draußen zu schlafen. Wir wussten bis dahin noch nicht, wie sehr er Recht behalten sollte.

Unsere Familien unterstützen uns in unserem Vorhaben. Sie fragten viel und wir konnten auf der Karte erklären, wo wir uns dann befinden. Dank des internets und Mobiltelefonen ist heute vieles einfacher. Wir entschieden uns, einen blog[3] zu führen, wo Familie, Freunde, Bekannte, Kolleginnen und Kollegen und Interessierte uns verfolgen können, Nachrichten schreiben und Bilder sehen können.

Und so waren viele Geburtstags- und Weihnachtsgeschenke praktische Dinge für die Ausrüstung: Gutscheine, Besteck, Kocher, Schlafsack, selbstaufblasende Isoliermatte, ein gutes Zelt, Wanderschuhe, Rucksack, Stirnlampe, Solarladegerät, Wasserreinigungsgerät, Wasserfilter, Socken, Bekleidung usw.

Der Impfausweis und die Auslandskrankenversicherung wurden auf den aktuellen Stand gebracht. Die Schuhe wurden zum Einlaufen so oft es ging getragen.

Als wir dann alles beisammen hatten, machten wir ein gemeinsames Probetraining mit halben Gepäck. Das lief ganz gut. Wir waren sehr positiv gestimmt.

---

[3] Siehe: mmtrail2014.blogger.de

Jeder von uns packte seinen Rucksack ein und wieder aus, alles wurde ausprobiert bis zum letzten Tag. Dann hieß es von Seiten der Fluggesellschaft, dass wir aus Sicherheitsgründen keinen Kocher im Rucksack mitnehmen dürfen. Somit mussten wir in Washington DC, wohin unser Flug ging und von wo aus wir starten wollten, einen neuen Kocher besorgen. Sollte wohl nicht schwer werden in einer Millionenstadt...

Im Januar und Februar hatten wir unsere letzten Arbeitstage und die Aufregung stieg. Für mich fühlte es sich komisch an, dann endlich in die langersehnte Auszeit zu gehen. Die Kolleginnen und Kollegen verabschiedeten mich so herzlich, vielen Dank für die lieben Wünsche, gut gemeinten Ratschläge und die tollen Geschenke! In zehn Monaten bin ich wieder zurück.

Einerseits stieg die Aufregung und andererseits fiel es mir schwer von Freunden, der Familie, meinem Mann und Sohn Abschied zu nehmen. Geplant war in nun vier Monaten auf dem Appalachian Trail von Harpers Ferry, West Virginia, bis zum Mount Katahdin, Maine, zu wandern oder so weit wir kommen. Immerhin sind es etwa 1000 Meilen. Das klang schon etwas verrückt.

# Ankunft in den USA

Am 02.04.2014 ging endlich unser Flug über Paris in die USA- nach Washington DC. Etwa 8000 Meilen über den großen Teich.

Am Flughafen in Washington eingetroffen, hatte ich bereits die ersten Probleme. Ich wurde ausgerufen und erfuhr, von einem sehr netten Mitarbeiter der Fluggesellschaft X, Alex, daß mein Rucksack nicht mitgekommen war. Er wäre verspätet, aber nicht verloren. Ehrenwort. Er wäre noch in Paris. Ich wurde vertröstet und der Rucksack sollte am nächsten Tag ins Hotel gebracht werden. Das sei alles nicht schlimm. Nun denn. Thomas hatte seinen Rucksack. Ich bekam von der Fluggesellschaft ein Notpaket mit einem T-Shirt, Deo, Seife und Zahnpflegeutensilien.

Am nächsten Tag, Donnerstag, kam er auch nicht. Ich telefonierte mit dem Gepäckservice von Air France, suchte im internet und fand heraus, daß er nun in Atlanta war.

Wir überlegten, was wir tun würden, wenn er nicht eintreffen würde. Zurückfliegen? Nein!

Also suchten wir einen Treckingladen. Der nächste REI-Store war etwa 1,5 Stunden mit dem Auto entfernt. Im Hotel fragten wir die Rezeptionsmitarbeiter, die nicht wussten, was wir wirklich suchten und so schickten sie uns zu irgendwelchen Shopping Malls, die alles hatten, nur keine Treckingsachen oder einen Gaskocher.

Am Freitagmorgen war der Rucksack immer noch nicht da. Dank einer supernetten Mitarbeiterin in unserem Motel, Janet, die für mich mit Air XX telefonierte, hatten wir etwas Unterstützung und sie hatte eine tolle Idee. Sie schickte uns zu einem kleinen Geschäft, keine 20 Gehminuten vom Hotel entfernt. Obwohl sie nicht sicher war, ob wir einen solchen Laden suchten. Der wäre sehr klein und hätte nur spezielle Sachen.

Nachdem wir zwei Tage kreuz und quer durch Washington gefahren waren und keinen Treckingshop fanden, fanden wir dort unser Paradies: einen kleinen outdoorladen, der alles führte, was wir brauchten. Hier bekamen wir von Eric, einem Mitarbeiter, eine tolle Beratung und kauften einen Gaskocher, ein Bear Grylls Messer, ein Bärenabwehrspray und unser Essen für die nächsten Tage (Backpackers[4]).

Jetzt wissen wir, dass solche Läden outdoorstore heißen.

Dann fuhren wir zur Union Station, um uns nach der Zugverbindung nach Harpers Ferry zu erkundigen. Hier erfuhren wir, daß die Züge nur Montags bis Freitags fahren! Heute war Freitag und das hieß, dass der nächste Zug mit uns frühestens Montag fahren könnte. Als kleiner Trost war das Zugticket sehr günstig. Wir nahmen einen Fahrplan mit und hofften weiter, daß mein Rucksack endlich eintreffen würde.

Am Freitagabend um 22 h klingelte das Telefon: der Rucksack ist da!! Es war wie Weihnachten!! Jippieehh!!!!!

Mir fiel ein Riesenstein vom Herzen. Die letzten drei Tage waren für mich gefühlsmäßig ein auf und ab. Was wäre gewesen, wenn der Rucksack nicht eingetroffen wäre? Hätte ich umkehren müssen? Oder mir eine komplette neue Ausrüstung kaufen müssen? Meine eingelaufenen Wanderschuhe hatte ich zum Glück an meinen Füßen. Vermutlich hätte Air XX die Kosten übernommen, allerdings hätte ich alles vorauslegen müssen. Und ich rede über eine Ausrüstung im Wert von ca. 2000,- € . Doch nun war er endlich da.

Das war die erste Hürde, die ich nehmen musste und es sollten noch weitere folgen.

Nun hatten wir noch ein Wochenende Zeit, Washington DC näher kennen zu lernen und liefen die interessanten Punkte zu Fuß ab. Wir

---

[4] Dehydriertes Essen, das mit kochendem Wasser aufgegossen wird und nach kurzer Zeit fertig ist.

gingen vom Weißen Haus entlang am Washington Monument zum WW 2 Memorial, zur Abraham Lincoln Statue bis zum Pentagon. Und das sind einige Meilen. Wir guckten uns die Union Station, den Hauptbahnhof, von innen an, der gerade restauriert wird. Ein wirklich sehr hübscher Bahnhof, den man gesehen haben sollte. Mit riesigen, wunderschönen bunten Glasscheiben, Marmorböden und Wänden, tollen geschwungenen Treppen mit einer sehr schönen Architektur. Von innen sieht er eher aus wie ein Palast denn ein Bahnhof.

Um das Capitol herum waren am Sonntag viele Menschen unterwegs. Der Park zum Washington Monument hin war voll mit Menschen, die Picknick machten oder Football und Cricket spielten. Kinder kreischten und lachten, es saßen Familien aller Nationen auf den Grünflächen. Es gab Pommes Frites, Eis und Hot Dogs.

Die Kirschbäume fingen grad an zu blühen, so daß die Wiesen von rosafarbenen Bäumen umrandet waren. Ein tolles Bild.

# Die Wanderung

**07.04.2014**

Am Montag fuhren wir nach einem tollen Besichtigungswochenende in Washington DC nach Harpers Ferry in West Virginia. Wir wollten nun endlich loswandern. Es regnete in Strömen.

Der Zug fuhr am Nachmittag ab Washington DC. Etwa 15 Meilen vor Harpers Ferry mussten wir den Zug verlassen und in einen Bus umsteigen, nur der fuhr bis Harpers Ferry. Wir trafen nach 17 h in Harpers Ferry ein. Der Ort war total verregnet und diesig. Überhaupt nicht einladend. Fast alle Geschäfte, Restaurants und Hotels waren anscheinend noch geschlossen. Wir kämpften mit unseren schweren Rucksäcken und gingen die Hauptstraße bergauf direkt zum Haus der Appalachian Trail Conservancy. Wir wollten uns dort registrieren lassen. Leider war die Tür schon verschlossen. Die meisten offiziellen Büros schließen hier gegen 17 Uhr.

Wir fragten uns, ob nun alles gegen uns sei ? Aber die gute Seele Laurie von der ATC schloss noch einmal auf und ließ uns ein. Wir erkannten Laurie aus der Dokumentation wieder, in der sie über den Appalachian Trail berichtet und die Arbeit der AT Company vorstellt.

Wir stellten uns vor und durften uns umschauen. Sie freute sich, Wanderer wie uns begrüßen zu dürfen und nahm sich viel Zeit für uns. Wir hatten noch so viele Fragen.

Sie machte vor der Tür von uns mit unseren Rucksäcken das obligatorische Foto für das Register des Appalachian Trail. Somit wissen die Mitarbeiter ungefähr, wer und wie viele Personen auf dem Trail unterwegs ist (vor uns hatten sich erst 41 in diesem Jahr dort registrieren lassen). Nun war es offiziell. Wir sind hier und gehen auf den Trail. Wow.

Laurie fragte uns, ob wir schon eine Schlafmöglichkeit hätten. Die Saison hatte noch nicht begonnen und die Hotels im Ort weitestgehend noch geschlossen. Wir sollten es im Teahorse Hostel versuchen. Nachdem wir genug gesehen, gefragt und gehört und ihre Zeit in Anspruch genommen hatten, fuhr uns Laurie noch zum Hostel, nachdem sie sich telefonisch erkundigte, ob Lauren Platz für uns hätte. Wir bedankten uns bei Laurie für ihre Geduld und Hilfsbereitschaft und checkten bei Lauren ein.

Das Teahorse Hostel liegt im OG von Laurens Haus und hat einen separaten Eingang. Lauren zeigte uns die Betten und die Küche. Frühstück war im Preis inbegriffen und wir vereinbarten eine Frühstückszeit. Wir unterhielten uns noch eine Weile und sie gab uns den überaus guten Rat, die Rucksäcke einmal zu wiegen. Sollten wir zuviel haben, könnten wir überschüssiges in einen Karton packen und sie würde die Sachen ins nächste Hostel fahren. Wir müssten dort nicht übernachten, könnten unseren Karton auch einfach abholen. Sie erklärte uns, wo das Hostel liegt und daß wir in etwa 3 Tagen dort sein würden.

Sie gab uns auch eine Karte des nächsten Abschnittes mit. Die Karte sollten wir dann im Hostel in einen Umschlag legen und an sie adressieren. Sie würde den Umschlag dort abholen. Sie fahre sowieso öfter Hiker umher, da sie auch als Shuttleservice im AT Guide steht.

Das war eine großartige Idee und wir packten aus und um. Wir hatten definitiv zu viel Gepäck im Rucksack.

Nach dem ich umgepackt hatte, wog mein Rucksack ohne Wasser 36 amerikanische Pfund, also etwa 16 kg. Auch das war noch eine Menge Gewicht. Wir sonderten noch einen Kochtopf und ich mein Sweat-Shirt aus.

Es kam noch ein weiterer Hiker ins Hostel, Hans, ein flip flop hiker[5]. Wir unterhielten uns noch eine Weile und dann ging Hans schlafen. Wir aßen noch eine Pizza und gingen auch bald schlafen.

Beim Blick aus dem Fenster sahen wir im Nachbargarten einen etwa 2 Meter hohen Eiffelturm stehen, der im Dunkeln blinkte. Wie kitschig.

Ich lag noch etwas wach und hörte Musik, denn ich konnte noch nicht einschlafen. Ich war schon aufgeregt. Morgen soll es endlich losgehen. Wie es wohl wird? Hoffentlich regnet es morgen nicht wieder ...

---

[5] Flip flop hiker wandern den Trail Abschnitt für Abschnitt.
Section hiker gehen einen Abschnitt auf dem Trail.
Thru hiker gehen den gesamten AT.

## West Virginia-Maryland

**08.04.2014**

Am nächsten Morgen war es draußen feucht und kühl, aber die Sonne schien. Nach einem tollen Frühstück mit Kaffee, frisch gebackenen Waffeln und Bananen machten wir uns auf den Weg. Lauren nahm unseren Karton entgegen und sie wünschte uns: enjoy your hike and take care.

Auf dem Weg zum Trail mussten wir an dem Haus der ATC noch einmal vorbei. Wir begrüßten Laurie kurz, bedankten uns noch einmal für die Hilfe und gingen los. Wir hatten uns vorgenommen, heute bis zum ersten Shelter[6], Ed Garvey Shelter, zu gehen. Das sind etwa 7 Meilen. Dort sollte es auch eine Quelle geben. Wir wollten es gemächlich angehen und uns nicht unter Druck setzen. Niemand sagt, dass wir gleich zu Anfang 10- 15 Meilen am Tag schaffen müssen. Zumal wir uns erst an die schweren Rucksäcke und die Steigungen gewöhnen mussten und noch nicht wussten, wie die Wege überhaupt sind.

Wir gingen durch Harpers Ferry und kamen uns vor wie in einem großen Südstaaten-Freilichtmuseum. Alles erinnerte an Kriege und Schlachten, überall hingen Fahnen, standen alte Kanonen, Kutschen und Windräder  und es waren tatsächlich noch viele Geschäfte geschlossen.

---

[6] Shelter sind Übernachtungsmöglichkeiten auf dem Trail; sie sind in den Karten verzeichnet und haben  einen Namen. Die Hütten sind zu drei Seiten geschlossen, haben ein Dach und sind immer höhergelegt, damit keine wilden Tiere in die Hütten kommen.

Am Ende der Straße überquerten wir den Potomac River und sahen uns nach den Trailzeichen, den white blazes[7], um. Die ersten 1,5 Stunden gingen wir am Potomac River entlang. Wir sahen Wasserschildkröten, die sich sonnten, Kraniche, Raubvögel usw. Die Natur war noch nicht im Frühling. Die Bäume waren noch kahl, das braun-graue Herbstlaub raschelte auf dem Boden, nur hier und da blühte eine Narzisse.

Hier trafen wir die ersten Hiker. Eine Frau, die den Pacific Crest Trail gegangen ist und nun auf einem anderen Trail unterwegs war. Wir wünschten uns gegenseitig take care und gingen weiter. Dann trafen wir auf einen Dayhiker, der uns zu erklären versuchte, was er tat, wir ihn aber nicht verstanden.

Wir überlegten, wo dieser PCT überhaupt ist. Ist das der Trail von Ost nach West oder einer an der Westküste? Das sollten wir einmal nachlesen.

Dann kamen wir zur ersten Steigung, mussten danach unter einer Schnellstraße durchgehen und auf der anderen Seite kamen wir an den Beginn des nächsten Berges. Hier überquerten wir schon die erste Staatengrenze- West Virginia- Maryland. Nun ging es bergauf. Unterwegs trafen wir einen weiteren Wanderer, um die 50 Jahre, den wir am Abend im Shelter wiedersehen würden. Wir unterhielten uns kurz, da er eine Pause einlegte und gingen dann weiter. Die Steigung war nicht ohne.

Es war unser erster Tag auf dem Trail, wir mussten uns an den Rucksack und das Gewicht gewöhnen, die Kräfte einteilen. Wie geht man mit so viel Gepäck sicher einen Berg hinauf? Ich suchte mir einen Holzstock, mit dem ich wandern konnte. Denn totes Holz lag hier überall genug herum. Es war nie ein Problem genug Feuerholz

---

[7] White blazes sind weiße senkrechte, etwa 15 cm lange Striche an den Bäumen im Abstand von 50-300 Metern, die den Trail markieren.

zu finden. Irgendwann fand ich einen Stock. Damit fühlte ich mich sicherer.

Der Anstieg in Serpentinen hatte es in sich und wir hielten immer wieder an, um zu gucken, was wir schon geschafft hatten. Der Trick beim Aufstieg ist, nicht nach oben zu gucken, wie weit es noch ist. Guck zurück, genieße den Ausblick und lobe dich, wie weit du es geschafft hast.

Wir waren ziemlich durchgeschwitzt, als wir glaubten, oben zu sein. Wir hatten durch die kahlen Bäume tolle Ausblicke, das war ein Vorteil. Wir machten eine Pause und aßen von unseren Vorräten.

Wir wussten nicht, wie lange wir noch bis zum Shelter gehen würden, da es unterwegs keinen Markierungspunkt gab und so gingen wir dann weiter. Wir hatten auch noch keine Erfahrung, wie lange wir für eine Meile bergauf benötigen würden. Obwohl wir glaubten auf dem Bergkamm zu sein, hatten wir noch weitere kürzere Anstiege. Auf dem Weg lagen meist größere Steine oder Felsen und querliegende morsche Baumstämme. Vermutlich vom Sturm umgerissen. Ganz dicke, auf dem Weg liegende Baumstämme waren meist durchgesägt, so dass wir nicht mit dem Gepäck darüber klettern mussten. Viele Bäume bis etwa 1 Meter Höhe waren nicht durchgesägt, über die mussten wir rübersteigen. Manchmal hingen auch Baumstämme quer in der Luft über dem Weg, so dass wir unter durch klettern mussten. Unterwegs machten wir noch einige Male Rast auf von uns genannten „Sitzsteinen" oder „Sitzbäumen". Wir mussten unsere Rücken von der Rucksäcken erleichtern, unsere Shirts trocknen lassen, etwas trinken und auch mal Pipi machen.

Am Nachmittag kamen wir am ersten Shelter an. Da das alles neu für uns war, legten wir die Rucksäcke ab und guckten uns erst einmal alles an. Die kleine Hütte, das abseits gelegene Privy[8] und suchten die Quelle, um Wasser zu holen. Wir suchten nach Zeichen oder Hinweistafeln, die zur Quelle zeigen, fanden aber nichts. Da wir nur

---

[8] Ein Privy ist ein Plumpsklo, meist wird der Rest kompostiert.

noch begrenzt Wasser für heute hatten und es nicht bis morgen reichen würde, beschlossen wir, weitere 3 Meilen zum nächsten Shelter, dem Crampton Gap Shelter, zu gehen. Dort sollte auch eine Quelle sein.

Zeit bis zur Dunkelheit hatten wir genug, jedoch wurde es anstrengend. Nach einer Rast gingen wir weiter und kamen an eine Straße mit Parkplatz und Trinkwasserpumpe. Hier tranken wir die Reserven aus und füllten unsere Flaschen neu. Das Wasser aus der Pumpe schmeckte etwas eigenartig, war uns aber egal. Von hier waren es noch etwa 0,8 Meilen zum Shelter und wir mussten einen kleinen Berg hinauf. Thomas wurde mittlerweile ungeduldig und sagte, wenn dort oben kein Shelter sei, würde er auf dem Weg sein Zelt aufbauen und keinen Schritt weiter gehen.

Und da war der Shelter schon zu sehen, direkt in Hanglage. Und davor verlief die Quelle. Wir waren so froh!

Dort angekommen wurden wir von zwei anderen Hikern freundlich begrüßt; den Mann hatten wir heute schon zwei mal gesehen. Die Frau mit dem Irokesenhaarschnitt, etwa Anfang 30 Jahre, saß vor einem Gaskocher und machte sich ihr Essen. Wir hatten ihr Bild im Register bei der ATC gesehen. Ich fragte, ob hier auch Zeltplätze wären, das wurde verneint. Der Shelter war sehr klein und bot Platz für sechs Personen. Und trotzdem hatte die Frau ihr Zelt darin aufgebaut hatte. Der Mann bot an, in seinem hammock[9] zu schlafen. Somit hatten wir genug Platz im Shelter. Er nahm seinen Rucksack, suchte sich zwei Bäume und baute sein Hängematte auf. Mein Trailpartner war sehr daran interessiert und ließ sich das hammock erklären.

Uns wurde Augenzwinkernd erklärt, dass das Hammock auf dem Trail auch Bären-Taco genannt.

---

[9] Ein hammock ist eine Hängematte, meist mit einem Moskitonetz und Regendach.

So konnten wir ins Shelter ziehen und unsere Nachtlager aufbauen.

Das bedeutete, die Alumatte auslegen, die Isoliermatte aufpusten, den Schlafsack ausrollen, die Stirnlampe bereit legen, Schuhe und Strümpfe zum Lüften rausstellen. Dann holten wir unsere Essbeutel und Essgeschirr heraus und kochten Wasser für unsere erste Tütennahrung. Es gab Spaghetti in Tomatensauce mit Fleischbällchen und es war megalecker.

Wir kamen mit den beiden Hikern ins Gespräch. Der Mann war für eine Woche auf dem Trail unterwegs. Er zeigte uns noch einen Trick mit der Alumatte, wie das Essen nicht so schnell abkühlt. Die Frau erzählte, sie sei flip flop hiker und würde nordwärts gehen. Wir erklärten, was wir vorhaben und woher wir kamen. Wir erzählten von der Dokumentation über den AT, die wir gesehen haben. Beide konnten kaum glauben, dass wir wegen einer Dokumentation aus Deutschland nach Amerika geflogen sind, um auf diesem Trail zu gehen.

Von den Namen der beiden blieb leider nichts hängen, da wir von unseren ersten Eindrücken so erschlagen waren und das erst mal verdauen mussten. Immerhin sind wir heute am ersten Tag 10 Meilen gewandert! Wir mussten zusehen, vor Einbruch der Dunkelheit alles wichtige zu erledigen, Toilette, Zähne putzen, Katzenwäsche und den Futterbeutel (mit unseren Lebensmitteln) in den Futterbaum hängen.

Das ist ein lustiges Spiel, ähnlich wie Fang den Ball an einer Schnur. Mit einer langen Stange muss der Beutel an einen Haken in 3-4 Metern Höhe gehängt werden, damit keine Tiere wie z. B. Bären angelockt werden.

Es ist untersagt, das Essen in den Shelter mitzunehmen. Wichtigste Regel auf dem Trail!

Dann schlüpfte ich in meinen Schlafsack. Dort schrieb ich mit meiner Kopfleuchte noch in mein Logbuch und schlief auch schnell ein.

Das tolle an diesen Sheltern ist, dass sie gen Osten oder Westen ausgerichtet sind. Entweder wirst du von der Sonne geweckt und siehst einen schönen Sonnenaufgang oder du gehst mit Sonnenuntergang schlafen.

Wenn es dunkel ist, ist hikermidnight und es herrscht Ruhe im Shelter. Weitere Regel auf dem Trail.

In meiner ersten Nacht konnte ich zwar schlafen, wachte aber ständig von irgendwelchen, mir fremden Geräuschen auf. Wir hörten einen Elch und einen Kauz.

Und es wurde etwas frisch in der Nacht, mein Schlafsack hielt mich aber schön warm.

## 09.04.2014

Ich wachte bei Sonnenaufgang auf, schlief aber wieder ein weil sich noch niemand rührte. Ich wusste nicht, wie früh es war. Meine Uhr hatte ich Zuhause gelassen. Die brauchte ich hier nicht.

Irgendwann wachte ich wieder auf und die anderen beiden Hiker waren schon aktiv. Thomas beschwerte sich am Morgen, daß die Frau auf das heftigste geschnarcht hätte und er kaum schlafen konnte. Deswegen hatte er sich Oropax in die Ohren gestopft. Darüber musste ich sehr lachen, da er selber auch sehr laut schnarcht.

Mich stört das nicht. Ich fühle mich in der Nähe von Schnarchgeräuschen sicher. So weiß ich, dass ich nicht allein bin.

Wir machten uns einen Kaffee und aßen unser Müsli. Dann mussten wir wieder alles einpacken. Ich hoffte, wenn ich das jeden Tag mache, abends auspacken, morgens einpacken, dass es vielleicht irgendwann schneller gehen würde. Wir brauchten noch etwas Zeit und die beiden anderen Hiker waren schon auf dem Weg, ehe wir gegen 11 h starteten.

Auf dem Weg fanden wir einen Lauf eines Rehs und ein kleine Schlange kreuzte unseren Weg.

Die Sonne schien und machte es uns leichter, weiter zu gehen. Das nächste Ziel für uns war der Rock Run Shelter, etwa 5.2 Meilen entfernt.

Die Strecke war sehr schön, jedoch hatten wir einen heftigen Abstieg auf wackeligen Steinen/ Felsen. Ich machte leider den Fehler, in den Pausen meine Schuhe und Strümpfe anzubehalten. Ich dachte, sonst würden die Füsse anschwellen und ich schlechter in die Schuhe kommen. Da meine Schuhe eine Goretex-Membran haben, waren meine Socken vom Schweiß durchnässt. Ich hätte sie in den Pausen trocknen müssen. Beim Abstieg rutschten meine Füße in den Strümpfen und ich bekam zwei große Blasen an beiden großen Zehen. Als wir im Rock Run Shelter gegen Nachmittag ankamen, war die Hütte belegt von einer Jugendgruppe, die dort übernachten wollte. Also suchten wir uns etwas abseits der Gruppe direkt neben der Quelle einen ebenen Platz und bauten unsere Zelte auf. Meine Füße wusch ich in dem Bach und versorgte sie mit Blasenpflaster. Eine supertolle Erfindung! Somit hatte ich keine Probleme beim Gehen.

Dann erschien ein Ridgerunner der ATC . Das ist ein Freiwilliger, der jedes Jahr ein Paar Monate auf einem Trailabschnitt unterwegs ist und sich um andere Hiker kümmert, sie berät, Fragen beantwortet, sich mit ihnen austauscht, für Ordnung in den Sheltern sorgt usw. Er lud uns ein, dass wir uns zusammen setzen und er uns vielleicht einige Ratschläge geben kann. Wir sollten unbedingt das Rucksackgewicht reduzieren. Leichter gesagt als getan. Also mussten wir noch einmal Inventur machen und ein T-Shirt und ein Paar Socken weniger gingen auch. Aber dann? Er riet uns auf ein Zelt zu verzichten. Es gäbe immer genug Platz in den Sheltern. Und die AT-Hiker haben Vorrang in den Sheltern vor Jugendgruppen und Tages- oder Wochenendwanderern!  Weitere Regel auf dem Trail.

Nach dem Abendessen (und Abwaschen, Katzenwäsche, Zähneputzen, Futterbeutel aufhängen) gingen wir mit Sonnenuntergang schlafen. Diese Nacht habe ich etwas ruhiger geschlafen, obwohl ich das Gefühl hatte, dass ständig ein kleines Tier um mein Zelt schlich weil das Laub  raschelte.

**10.04.2014**

Die Nacht war kalt und frostig. Am Morgen trafen wir den Ridgerunner wieder. Er erzählte uns, dass es auf der Bergspitze gefroren hatte. Nach einem heißen Kaffee und Müsli packten wir wieder alles in unsere Rucksäcke und zogen gegen 10 h weiter.

Thomas dachte darüber nach, sein Zelt aufzugeben. Wir hätten in der Not noch mein Zelt, das ich nicht aufgeben wollte, falls es im Shelter mal zu voll sein sollte.

Nach etwa 2 Meilen kamen wir an einen Campingplatz mit Duschen und Toiletten. Wir freuten uns über eine Toilette mit Wasserspülung!! Wir überlegten kurz zu duschen, verwarfen es aber, obwohl es schon sehr warm wurde, etwa 20 Grad Celsius. Thomas ließ sein Zelt schweren Herzens nun hier.

In der Mülltonne lag ein frischer Pizzakarton, was wir hier in der Wildnis sehr witzig fanden. Später sahen wir, dass es zur Straße nicht weit war.

Für heute hatten wir 6 Meilen bis zum Pine Knob Shelter geplant, wo wir am Nachmittag eintrafen. Dort saß bereits die Frau mit dem Irokesenschnitt (hier Mohawk genannt), die sich nochmals als Charlotte vorstellte. Sie hatte ihr blaues Zelt etwas Abseits der Hütte auf einem Zeltplatz aufgestellt. Wir kamen ins Gespräch und sie fragte, wie weit wir gestern noch gegangen wären. Wir erzählten, dass wir bis zum Rock Run Shelter gegangen sind. Sie erzählte, dass sie es bis zum Campingplatz geschafft hätte. Dort konnte sie warm duschen und hatte sich Pizza dorthin bestellt. Daher der frische Pizzakarton. Ich erzählte ihr, dass wir uns darüber sehr amüsiert hätten.

Da Charlotte Pocahontas-Zigaretten und ich Lust auf eine Zigarette hatte, bot ich im Tausch gegen 1 Zigarette zwei Schokoriegel an und ich bekam eine. Ich hätte sie auch geschenkt bekommen, wollte aber etwas zurück geben. Welch ein ungesunder Genuß. Zuhause rauche ich nur hin und wieder, nämlich dieselben Pocahontas-Zigaretten.

Außer Charlotte war dort „Chef", 26 Jahre, gelernter Koch, griechischer Abstammung mit einem breiten amerikanischen Dialekt, vermutlich aus den Südstaaten, den wir kaum verstanden. Da mussten wir uns sehr konzentrieren wenn er mit uns sprach. Er war bereits mehrere Abschnitte auf dem AT gegangen und nun wieder unterwegs. Er hatte sich mit „River Runner" zusammen getan. Die beiden haben ein Tempo gefunden und schaffen etwa 20 und mehr Meilen am Tag.

Und „River Runner", ein weißhaariger Mann, etwa 60 Jahre, der im Februar in Georgia bei Schnee und Frost gestartet ist und bis Maine gehen will. Er erzählte, dass nach fast 30 Jahren Ehe seine Frau plötzlich an Krebs verstorben sei. Trotz seiner drei Kinder verlor er den Halt und versuchte, sich umzubringen. Er überlebte und entschied, den AT zu gehen. Er hält über sein Handy Kontakt zu seinen beiden Töchtern, die sich sehr sorgen, aber ihn so begleiten. River lernte ich mit einem ständig lachenden Gesicht kennen. Er strahlte so viel positives aus. Und es war ansteckend. Kaum vorstellbar, daß sich dieser Mann umbringen wollte. Wir waren nach den drei Tagen schon ziemlich kaputt. Aber ich dachte mir auch, das ist der Anfang. Es kann nur leichter werden. Und nachdem wir uns mit River unterhalten hatten, war alles nicht mehr so schwer.

Er sagte, dass wir immer mal zurückschauen sollen, wie viel wir schon geschafft hätten. Immerhin waren wir hier und gehen den Trail. Andere Menschen schaffen es nie hierher. Wir sollten jeden Tag auf dem Trail geniessen. Sein Lieblingswort war „awesome". Alles und jeder Ausblick waren awesome.

Und er hatte absolut recht.

Später kamen noch ein Mann um die 65 Jahre mit seinem Enkel hinzu, die ihr Zelt etwas abseits aufbauten. Kurz vor Einbruch der

Dunkelheit kamen noch vier Männer in den dreißiger Jahren, die zusammen wanderten und etwa 25-30 Meilen am Tag gehen. Von denen schliefen zwei in ihren Hängematten und zwei im Shelter. Die vier Wanderer hatten GPS-Geräte dabei, dass mit einem Notfallsytem ausgestattet war. Sollten sie einen Notfall haben und dringend Hilfe benötigen, würden ihre GPS- Koordinaten erfasst und die Hilfe konnte dorthin geschickt werden.

Heute hörten wir zum ersten Mal von den anderen Wanderern, dass in der Nähe ein Bär gesehen wurde.

Für morgen nahmen wir uns vor, etwa 8 Meilen bis zum Hostel in der Wolfsville Road zu gehen, wo unser Karton liegen soll und einen Zero zu nehmen. Einen Tag ausruhen.

Wir holten noch Wasser von der Quelle, putzten Zähne, machten Katzenwäsche, hängten die Futterbeutel auf, noch ein Toilettengang und Logbuch schreiben.

Mit Sonnenuntergang krochen wir wieder in unsere Schlafsäcke, die wir im Shelter ausgerollt hatten. Zum Einschlafen sahen wir von unseren Schlafsäcken auf die Lichter der nächsten Stadt. Die Nacht war sehr mild und warm.

# Der erste Zero

## 11.04.2014

Wir wachten heute früh auf und starteten nach Frühstück und Einpacken schon gegen 9 Uhr (Thomas hatte eine Uhr bei sich). Wir verabschiedeten uns von River, Chef und Charlotte, wobei die drei auch heute bis zum Hostel gehen wollten.

Wir überlegten kurz, ob wir zusammen gehen wollten, verwarfen es aber, weil wir dachten, dass wir langsamer als die drei seien.

Der heutige Weg war unglaublich anstrengend. Es war warm und der Weg war heftig. Es ging viel bergauf. Wir mussten stundenlang über große Steine und Felsen gehen und klettern, was mit dem Rucksack nicht besonders einfach war. Wir schafften in den Felsen etwa 1 Meile in der Stunde. Zum Schluss gingen wir noch eine Stunde den Berg wieder hinab über lose Steine und Felsen, die unter unseren Füßen wackelten.

Merke > suche dir die größten Steine auf denen du gehen kannst, die wackeln weniger.

Viele sagen, dass es bergab einfacher ist zu gehen. Ohne Gepäck mag das so sein. Mit einem großen Rucksack auf dem Rücken beansprucht das bergab gehen die Kniegelenke. Ich bin sehr froh, mir Wanderstiefel gekauft zu haben und keine Wanderschuhe, wie sie hier sehr viele tragen. So habe ich um den Knöchel herum genügend Schutz und kann nicht umknicken.

Beim Abstieg hörten wir Chef und River hinter uns. Am Fuß des Berges verläuft eine Straße, wo wir auf die beiden warteten. Sie wollten noch auf Charlotte warten. Wir sollten schon zum Hostel vorgehen, dort würden wir uns gleich wiedersehen. Also gingen wir die Straße entlang und fanden nach etwa 0,6 Meilen die Auffahrt zum Free State Hiker Hostel.

Am Hostel legten wir erst einmal unsere Rucksäcke ab und zogen die Schuhe aus. Welch Erholung für den Rücken und die Füße!

An der Tür zum Hostel hängt eine nette Begrüßung. Jeder Hiker ist willkommen, kann eintreten und per Telefon die Hosts anrufen. Das tat ich und sie begrüßte uns telefonisch. Wir sollten eintreten, uns ausruhen,  duschen, Wäsche waschen oder etwas essen und trinken. Sie würde dann demnächst vorbei gucken.

Direkt neben der Tür stand unser Karton, den Lauren aus Harpers Ferry hierher gebracht hat, in einem Regal mit anderen Kartons. Es klappt also tatsächlich. Warum sind wir eigentlich so misstrauisch?

Dann trafen Charlotte, Chef und River ein. Wir betraten das Hostel, das sich im Obergeschoss des Hauses der Hosts befindet und belegten die Betten. Es gibt nur einen sehr großen Schlafraum mit selbstgebauten Doppelstockbetten für 16 Personen. Wir waren zu fünft. Witzigerweise suchte sich jeder ein freies Bett auf dem Boden! Die Betten hatten sogar einfache Matratzen. Wie sehr man sich nach drei Nächten draußen auf eine Matratze freut.

Wir hatten ein großes Badezimmer für uns und gingen alle nacheinander duschen. So eine warme Dusche tat echt gut. Dann gab es noch einen Aufenthaltsraum mit Tisch und Stühlen, CDs und Spielen und eine Küche mit Waschmaschine und Trockner, Mikrowelle und Kühlschrank.  Hier gab es kalte Soda (Cola, Seven Up), verschiedene Schokoriegel und Eis. River aß fünf Eis. Ich schaffte zwei. Lecker. Dann füllten wir die Waschmaschine und wuschen unsere Schmutzwäsche.

Als Charlotte in der Dusche war, erzählten Chef und River, dass sie sich Trailnamen für uns überlegt hätten: Hansel & Gretel, two germans in the woods. Darüber lachten wir alle sehr herzlich. Wir fragten, ob das ironisch sei. Aber sie sagten, dass wir selbst entscheiden, welche Namen wir annehmen. Somit blieben wir vorerst bei Hansel & Gretel.

Als Charlotte aus der Dusche kam, setzte sie sich auf ihr Bett und sprach mit ihren Füßen. Ob es ihnen gut ginge. Sie wären nun nicht mehr in Strümpfen und Schuhen eingeengt. Dann zeigte sie ihren Füßen, dass der Raum mit weichem Teppich ausgelegt war und fing an zu tanzen. Ihre Füße fühlten sich wohl. Sie lachte und meinte, ihre Füße seien happy. Darüber mussten wir alle sehr lachen. So bekam sie von uns den Trailnamen: „Happy Feet", worüber sie sich freute und den sie auch behielt.

Thomas war total geschafft.

Nach seiner Dusche meinte er, dass er mit mir reden müsste. Er gestand mir dann, dass er sich den AT so nicht vorgestellt hatte. Es wäre ihm zu anstrengend und er hätte nicht die Kräfte, weder in den Beinen noch im Rücken, so weiter zu gehen. Der Rucksack mit dem nötigen Gepäck sei zu schwer. Der Weg bergauf, bergab über solche Felsen und Steine. Das wäre stellenweise so gefährlich gewesen. Wenn einem von uns etwas passiert wäre, hätten wir keine Rettung holen können. Somit müssten wir beratschlagen, wie es weitergehen könnte.

Da brach für mich erst einmal alles zusammen. Ich habe es ihm angesehen, dass es sehr anstrengend für ihn war. Hätte aber nicht gedacht, dass er nach vier Tagen aufgeben würde. Ich habe konditionell keine Probleme, lediglich mit meinem Rucksack.

Ich wollte nicht glauben, dass ich fünf Jahre auf einen Traum hinarbeite und nun nach vier Tagen alles zu Ende sei und ich nach Hause fahren würde. Nein. Ich wollte nicht. Es müsste andere Lösungen geben.

Ich war so enttäuscht, traurig und wütend zugleich. Ich fragte mich, wie es andere schaffen und er nun schon aufgeben will.

River, Chef und Happy Feet bekamen mit, dass es etwas nicht stimmte und fragten nach. Sie sprachen uns gut zu und machten uns Mut, weiter zugehen. Sie machten verschiedene Vorschläge, wo wir weiter wandern könnten. Wo es nicht so bergig war wie hier.

River erzählte nun ausführlich von seinem Schicksal und fragte mich, wann ich das letzte mal etwas für mich getan hätte. Wenn ich fünf Jahre auf diesen Traum hingearbeitet hätte, sollte ich weiter gehen. Sie boten an, dass ich mit ihnen mitgehen könnte. Das war ein so nettes und hilfsbereites Angebot, weil sie feststellten, dass es mir sehr Ernst war mit der Wanderung auf dem Trail.

In Gedanken stellte ich mir vor, wie ich das meinem Mann erklären würde und stellte mir auch das Gesicht dazu vor. Dass ich nun mit zwei fremden Amerikanern weiterwandern würde, wäre doch eine tolle Idee. Nein. Das wäre keine gute Idee. Er würde einen Hubschrauber chartern und mich hier sofort einfangen.

Wir nahmen uns Bedenkzeit. Für den nächsten Tag planten wir einen Zero (einen Ausruhtag) und wollten dann entscheiden, wie es weiter geht.

Ich telefonierte später mit meinen Mann, der wie ich entsetzt und enttäuscht war. Er versuchte, mich aufzumuntern und riet mir, noch nicht aufzugeben. Es gäbe sicher noch andere Möglichkeiten und wir sollten alles gut überdenken.

In meinem Kopf schwirrten so viele Gedanken. So konnte ich den Trail überhaupt nicht geniessen.

Dann beratschlagten wir, was wir heute tun. Happy Feet, Chef und River wollten in den nächsten Ort, viel essen und einkaufen. Ich wollte mich nicht mehr viel bewegen, Thomas auch nicht. Somit gingen die drei los und wir bestellten telefonisch Calzone und Aioli. Das Essen kamen nach etwa 30 Minuten und es war ein Traum. Heiße frische Calzone mit viel Aioli. Und eine viel zu große Portion, so dass wir am nächsten Tag davon noch essen konnten.

Gegen Abend kam das Hostelpaar und stellte sich vor. Sie sind ein sehr freundliches Paar, zwischen 30 und 35 Jahren, und haben fünf Kinder. Er arbeitet als Physiotherapeut in einem Krankenhaus und ist etwa 2002 den gesamten AT nordwärts in 120 (!)Tagen gegangen, um Geld für eine Krankenstation zu sammeln. Bilder und Zeitungsausschnitte hängen im Hostel an den Wänden. Wie kann man diesen Trip in 120 Tagen schaffen??? Wahnsinn. Wir wollten noch verschiedenes wissen. Er sprach uns Mut zu und sagte, dass es zu schaffen sei. Wir sollten uns hier wie Zuhause fühlen und das Angebot in Anspruch nehmen:

No hiker hikes without support:

> Call your support
> free!

Wir sollten uns auch gern in das Gästebuch eintragen. Dann wünschte er uns alles Gute, enjoy your hike and take care!, nahm das Übernachtungsgeld an und wünschte uns gute Nacht.

Obwohl wir am Abend noch etwas zusammen saßen und quatschten, konnte ich doch schlecht einschlafen und lag noch lange wach.

Der Mond schien durch das Fenster und es regnete.

Wie geht es weiter?

## Wie geht es weiter?

**12.04.2014**

Wir schliefen heute aus. Nachdem wir geduscht hatten, verabschiedeten wir River und Chef, die weitergehen wollten. Wir wünschten uns gegenseitig viel Glück und hofften, dass wir uns wiedersehen würden.

Ich hatte ein mulmiges Gefühl im Bauch. Ich ahnte, dass Thomas nicht weiter gehen wollte.

Mit Happy Feet fuhren wir per Anhalter in den nächsten Ort, nach Smithburg. Sie wollte dort bei der Post ihren Kocher und warmen Sweater aufgeben und nach Hause schicken.

Anschließend gingen wir in einen Diner zum Frühstücken! Es gab Panncakes, Ham and Eggs und Steak und Kaffee. Für jeden Geschmack war etwas dabei. Lecker!!

Wir sprachen darüber, wie es weitergehen könnte, mit einem Mietwagen, mit einem Wohnmobil ? Ich war der Ansicht, nicht hierher gekommen zu sein, um mit einem Wohnmobil durch die Gegend zu fahren. Ich wollte wandern auf dem AT. Außerdem ist das auch eine Frage der Kosten, die dann entstehen.

Wir könnten weiter nördlich fahren, nach Delaware Water Gap und dort auf dem AT wandern. Dort gibt es nicht so viele Steigungen.

Wir könnten auch zurück fahren und den Shenandoah National Park durchqueren. Allerdings könnten dort die Hütten noch geschlossen sein weil noch keine Saison ist.

Happy Feet bot an, mit ihr weiter zu gehen. Sie geht langsamer, nimmt sich nur 5 Meilen am Tag vor und will nächstes Wochenende im Caledonia State Park sein. Dort trifft sie ihre Familie und wir wären herzlich eingeladen, daran teilzunehmen, das Osterwochenende mit denen zu verbringen.

Das klang nach einem guten Plan.

Nach dem Frühstück gingen wir durch dieses hübsche kleine Städtchen. Wir holten uns noch etwas Bargeld und kauften im Supermarkt ein. Dann fuhren wir per Anhalter zum Hostel zurück (etwa 2 Meilen).

Happy Feet erzählte uns, dass sie gestern Abend mit River und Chef zum ersten Mal in ihrem Leben per Anhalter gefahren sei. Das fand sie sehr aufregend. Das konnte ich kaum glauben. Sie ist etwa 30 Jahre alt und hat das noch nicht getan? Daraufhin sagte ich, dass wir das ihren Eltern nicht erzählen würden. Worauf sie erwiderte, daß das ihre Mutter bestimmt klasse gefunden hätte.

In der Nähe des Trails werden Wanderer mit Rucksäcken gern mitgenommen. So kommt man mit vielen Menschen ins Gespräch und es findet sich manchmal ein neuer Shuttle.

Am Nachmittag pflegten wir uns weiter, schrieben in unseren blogs und surften kostenlos im Hostel im internet.

Happy Feet schreibt auch einen blog: pocketfulofrocks.com.

Im Schlafsaal hängt der Spruch: No hiker hikes without support. Call your support. Free.

Genauso ist es. Du brauchst auf dem Trail ganz viel Unterstützung. Die kann ein Telefonat mit Zuhause sein, ein Kommentar im blog vom eigenen Bruder, eine email vom Freund, ein Lächeln von River. Du bist dankbar für alles was Dich aufbaut. Und trotzdem bist Du ganz allein auf dem Trail mit Dir und dem Berg. Jeden Tag bezwingst Du einen Berg oder zwei, Tag für Tag, bergrauf, bergrunter. Und wenn Du oben bist und zurückschaust, dann ist das ein tolles Gefühl. Du bist Stolz auf Dich. Ja, Du hast es selbst geschafft und das kann Dir niemand mehr nehmen. Dieses Gefühl musst Du festhalten und immer dann rausholen, wenn es nicht mehr geht.

Thomas entschied sich dazu, dass wir mit Happy Feet weiter gehen. Wir wollten dann einfach schauen, wie weit wir kommen würden.

Oh wie erleichtert ich war.

Ich freute mich sehr, dass es nun doch weiterging. Hatte aber ein ungutes Gefühl dabei, wie lange das anhalten würde.

Happy Feet freute sich auch sehr. Sie erzählte, dass sie Mitte März im Shenandoah Park gestartet ist, als es noch schneite. Sie hat sich zwei Tage durch die Kälte und den Schnee gekämpft. Ihre Navigation auf ihrem Handy zeigte ihr immer, dass sie im Wasser gehen würde. Durch den Schnee konnte sie keine Trailzeichen an den Bäumen erkennen und fragte sich, warum die ausgerechnet weiß sein müssen und nicht rot. Sie nahm sich eine Woche Auszeit und wartete, bis es wärmer wurde. Dann startete sie in Front Royal noch einmal. Somit ist sie knapp 50 Meilen vor uns gestartet und die meiste Zeit allein gewandert. Nun hatte sie Begleitung, worüber sie sich sehr freute.

Es ist, glaube ich, angenehmer zu zweit zu gehen, damit du aufeinander aufpassen und auch mal Hilfe holen kannst. Du kannst dich gegenseitig aufbauen, wenn du eigentlich aufhören willst. Und du hast jemanden zum Reden, wenn dir danach ist. Sonst fängst du womöglich an, mit den Bäumen oder Vögeln zu reden.

Ich sprach mit meinen Mann und erzählte ihm den Stand der Dinge. Es tat ihm unendlich leid, dass ich in dieser doofen Situation war. Er hätte mir gern sofort geholfen. Er hatte Verständnis dafür, wenn ich weitergehen würde. Wir sollten zuerst einmal die Familie von Happy Feet kennen lernen und dann könnten wir uns ein Bild machen.

Hier abzubrechen wäre für mich das schlimmste. Sollte Thomas tatsächlich umkehren wollen, müsste ich mit. Wir haben unseren Familien versprochen, aufeinander aufzupassen. Sollte einer von uns nicht mehr weiter gehen können oder verletzt sein, würde der andere mitgehen.

So war die Absprache.

In dieser Nacht schlief ich wie ein Murmeltier.

**13.04.2014**

Am Morgen wurden wir wieder zeitig wach. Nach einem sparsamen Frühstück starteten wir gegen 9.30 h. Die Sonne schien und es wurde warm. Wir entschieden, heute bis zum Raven Rock Shelter zu gehen, etwa 6 Meilen. Wir überquerten zwei rauschende Flüsse. Am ersten Fluss machten wir eine Rast. Es bot sich hier an, zu pausieren, da wir von der Brücke die Füße ins eiskalte Wasser baumeln lassen konnten. Das war sehr erfrischend. Dann kamen wir zu einem echt steilen, 800 ft hohen, Anstieg. Auf halber Höhe kam uns eine Jugendgruppe mit drei Betreuern entgegen, die wir durchließen. Es waren etwa 30 pupertierende Jungs und Mädchen und es dauerte etwa 20 Minuten, bis sie alle vorbei waren. Wobei die Betreuer vorne gingen und nicht sahen, was hinter ihnen passierte.

Normalerweise hat derjenige auf dem Berg Vorrang, der bergauf geht. Das wären wir gewesen. Aber wir ließen Gruppen immer den Vorrang.

Unterwegs hatten wir einen schönen Ausblick von den Felsklippen und machten Bilder. Es war sehr entspannt. Am frühen Nachmittag trafen wir am Shelter ein. Ein schöner neuer Shelter mit zwei Schlafebenen, einer großen Feuerstelle und zwei Picknicktischen. Außerdem gab es mehrere Komfortzeltplätze. Der Boden bestand aus feinem Kies und war durch Vierkanthölzer eingefasst. Das ist bequemer, als auf Holzböden oder Waldböden zu zelten.

Weil wir heute schon früh unser Ziel erreicht hatten, kam kurz die Frage auf, ob wir vielleicht noch bis zum nächsten Shelter bzw. bis Waynesboro gehen wollen? Das wären weitere 5-6 Meilen. Wir beschlossen einstimmig, hier zu bleiben und so hatten wir mal richtig viel Zeit bis zum Sonnenuntergang.

Happy Feet baute ihr leuchtend blaues Zelt auf und wir unsere Schlafplätze im Shelter. Bisher waren wir allein.

Thomas bot sich an, für uns Wasser zu holen. Die Quelle befand sich etwa 0.6 Meilen bergabwärts an einem Hang. Es dauerte eine Weile, bis er zurückkam und meinte, daß der Weg kein Spaziergang sei. Er war völlig aus der Puste.

Dann kam ein Pärchen in den Zwanzigern. Sie hatten ein GPS Gerät dabei und machten Fotos vom Shelter. Sie stellten sich uns als GPS Rangers der PATC vor. Sie wandern den Trail Stück für Stück, machen Fotos der Shelter für die internetseite und nehmen die GPS-Koordinaten der Shelter, Wege, Rettungswege usw. für die Wanderkarten auf, um sie zu aktualisieren. Wir fragten die beiden, wie das Holz für den neuen Shelter und die Picknicktische auf den Berg gekommen sind. Kraftfahrzeuge sind in den Bergen nicht erlaubt. Sie erklärten, dass die Baumaterialien entweder per Hubschrauber oder mit Pferdekraft auf den Berg transportiert wurden. Und mit vielen freiwilligen Helfern, die die Feuerstellen, Zeltplätze, Privys und Shelter zusammenbauen. Wir dankten den beiden für ihre tolle Arbeit und dann gingen sie weiter.

Wir genossen die Zeit, ließen uns treiben und sammelten Feuerholz. Thomas machte uns ein tolles Lagerfeuer. Happy Feet zeigte uns, daß fast jeder Shelter ein logbook hat, wo jeder hiker etwas hinein schreiben kann und mit seinem Trailnamen unterzeichnet. Du kannst auch Nachrichten für andere hinterlassen werden, ob z. B. Spinner unterwegs sind oder Bären gesehen wurden. So funktioniert der Trailfunk. Ich blätterte im logbook, fand einen Eintrag von Chef und schrieb auch etwas hinein.

Dann erschien ein sehr junger Mann, wir schätzten ihn auf ca. 17-18 Jahre, der kurz grüßte und sich einen Zeltplatz suchte. Dort baute er sein Zelt auf und blieb lange für sich. Wir malten uns aus, dass er bestimmt gern allein ist und Science Fiction Bücher und Comics liest. Deshalb bekam er von uns den Namen „late bloomer".

Happy Feet lud ihn ein zum Lagerfeuer zu kommen. Wir wollten später noch Marshmallows rösten.

Nach unserem Essen (Backpackers Reis mit Hühnchen und Gemüse) machte Happy Feet uns Pizzatillas[10]. Legendär!

Dann erschien late bloomer und brachte mehrere Stöckchen mit. Die hatte er in der Zeit gesammelt und für uns bereits angespitzt für die Marshmallows. Das fanden wir total nett und bedankten uns.

So stellten wir uns vor und dann fing er an zu reden. Er war 17 Jahre alt, etwas schüchtern und erzählte, dass er vor kurzem ein Abzeichen bei den Pfadfindern gemacht hat, was wohl eine besondere Auszeichnung ist. Ich denke er ist nun so etwas wie ein Gruppenführer. Dann berichtete er, dass er in diesem Sommer den AT allein gehen wollte. Und erzählte von seiner Ausrüstung, seinen Socken, den Socken seiner Schwester, seinen Schuhen, den Schuhen seiner Schwester usw. Wir wussten hinterher über seine Ausrüstung und seine Familie gut bescheid.

Nach etwa 2 Stunden verabschiedete er sich, weil es dunkel wurde und er ging zu seinem Zelt. Wir saßen noch einen Augenblick zusammen, lachten über diese Begegnung und gingen dann auch schlafen. Eigentlich hatte er den Namen „late bloomer" nicht verdient. Denn er ist 17 Jahre und allein auf dem Trail unterwegs. Somit ist er eigentlich kein Spätzünder. Im Gegenteil, er hat anderen schon viel voraus.

Abends zwischen 21 und 22 h wird es im Moment dunkel. Wir sind dann meist total müde und wollen nur noch schlafen.

Für morgen hatten wir uns vorgenommen, bis Waynesboro etwa 5-6 Meilen zu gehen. Die Nacht war sehr stürmisch und laut, da der Wind immer gegen das Wellblechdach des Shelters wehte.

---

[10] Pizzatillas sind mit Salami oder Thunfisch und Käse gefüllte Tortillas, die auf dem Lagerfeuer geröstet werden, bis der Käse schmilzt.

## Maryland- Pennsylvania

### 14.04.2014

Heute Morgen gab es wieder ein Frühstück in der Sonne. Bevor wir weitergingen, mussten wir erneut Wasser holen. Also gingen Happy Feet und ich 0.6 Meilen steil bergab, nahmen Wasser auf, gingen 0.6 Meilen wieder steil bergauf und wir hatten unser Morgen-workout bereits erledigt, bevor wir nur einen Meter auf dem Trail gegangen sind. Puuh.

Unweit der Quelle befindet sich ein alter, verlassener Shelter. Vermutlich wurde dieser aus baulichen Gründen geschlossen und der neue Shelter oberhalb, direkt am Trail, gebaut. So muss man nicht mehr mit dem gesamten Gepäck den Berg hinunter und wieder hinauf, sondern nur mit den leeren Wasserflaschen zur Quelle gehen. Das ist etwas einfacher.

Als wir losgehen wollten, trafen wir auf dem eine Gruppe 18- 22 jähriger, die die Quelle suchten. Wir zeigten ihnen den Weg und empfahlen ihnen, dass nicht alle zum Wasser gehen sollten sondern nur zwei von ihnen. Den Vorschlag nahmen sie dankbar an.

Happy Feet meinte, dass es in den nächsten Tagen bzw. Nächten sehr kalt werden würde. Sie zeigte uns die Wettervorhersage auf ihrem Handy; es wurde Frost und Schnee vorausgesagt. Sie würde deswegen für die nächsten zwei bis drei Nächte ein Motel vorschlagen. In Waynesboro gäbe es mehrere Motels. Sie bot uns an, ein Zimmer mit ihr zu teilen, was günstiger werden würde. Da wir denselben AT- Guide benutzten, konnten wir das nachvollziehen und willigten ein. Sie rief in einem Motel an und erhielt als Antwort, dass er uns als Hiker kein Zimmer reservieren würde. Wir müssten persönlich erscheinen. Was für eine Auskunft.

Während des Gehens machen meine Stiefel lustige Geräusche. Ich denke das liegt an der Lederlasche, die an dem Lederschaft reibt, dadurch knatschen die Schuhe beim Gehen. Ich erzählte, dass meine

Schuhe mit mir reden würden. Sie sagen zu mir: go on, go on, go on. Daraus entstand mein neuer Trailname: talking shoe. Gretel aka talking shoe.

Kurz vor Waynesboro erreichten wir den Pen Mar State Park, einen Vergnügungspark für Kinder, der noch geschlossen war (zumindest waren die Toiletten verschlossen). Dafür hatten wir eine tolle Aussicht über Waynesboro und das weite Tal. Bis zum Motel waren es noch einige Meilen, die wir nicht mehr gehen wollten und Happy Feet rief einen Shuttle[11]. Während wir dort warteten, teilte uns Thomas erneut mit, dass er dem Wandern auf dem AT nicht gewachsen sei und er bis zum Wochenende noch mitgehen würde Es täte ihm sehr leid und habe sich das auch sehr lange überlegt. Aber es ginge für ihn nicht, er könnte die Tour so nicht schaffen. Ich musste mir bis dahin überlegen, wie ich weitermachen würde.

Also hatten mich mein Gefühl und meine Beobachtung nicht getäuscht. Nun ging die Grübelei in meinem Kopf wieder los. Was tue ich? Was ist egoistisch ? Was ist vertretbar ? Fragen, Fragen, Fragen und denken, denken, denken.

Immerhin haben wir heute die Grenze von Maryland nach Pennsylvania überschritten. Wir haben die vierzig Meilen durch Maryland geschafft!

Nach etwa 20 Minuten erschien Dennis, der Shuttlefahrer, und fuhr uns durch diesen endlos langen Ort, gefühlte 5-6 Meilen. Dennis war ein farbiger, älterer Mann, um 65 Jahre alt, und bessert sich vermutlich seine Rente auf, indem er Hiker hin- und herfährt. Wir lernten auf der Fahrt zum Motel ein wenig über Waynesboro und ihn kennen. Am Motel verabredeten wir, dass wir eventuell Mittwochmorgen von ihm zum AT gefahren würden wollen. Er wollte das prüfen und wäre Mittwochmorgen um 8.45 h hier.

---

[11] In den ländlichen Gebieten gibt es keine Taxen sondern Shuttleservice. Die werden telefonisch gerufen und Preise nach Entfernung und Personenanzahl vereinbart.

Wir bekamen im Motel zu dritt ein Doppelzimmer und fragten nach einem Klappbett, das uns der Hotelchef später noch bringen wollte.

Es war sehr warm, wir hatten etwa 22 Grad Celsius. Deshalb duschten wir erst einmal. Nach einigen Tagen ohne fließend warmes oder kaltes Wasser ist so eine warme Dusche Luxus und Erholung. Um die Ecke des Motels war ein Waschcenter, wo wir unsere Schmutzwäsche wuschen. Anscheinend hat nicht jeder Amerikaner eine Waschmaschine Zuhause, weshalb so ein Waschcenter auch eine soziale Begegnungsstätte ist. Happy Feet bestätigte unsere Beobachtungen. Die meisten Appartements haben keine Anschlüsse bzw auch keinen Platz für eine Waschmaschine. So müssen die Menschen Waschcenter aufsuchen und treffen dort auf andere aus der Nachbarschaft.

Zum Abendessen gingen wir in einen Burgerladen. Hier gab es frische Burger (Waynesburger) nach einem Hausrezept mit Pommes Frites und Cole Slow. Lecker!! Und Cola und Sprite. Wenn du tagelang nur gutes und gesundes Quellwasser trinkst, hast du großen Appetit auf süße Getränke. Manche hiker verfeinern ihr Wasser unterwegs mit Traubenzuckerpulver mit Geschmack.

Nach dem Essen beschlossen wir, das „Pappys Pub" direkt ggü. des Motels zu besuchen, um uns ein Bierchen zu gönnen. Es war ein typisches Pub.

Der Barkeeper hinter dem Tresen war sehr höflich und geduldig, bis wir uns entschieden hatten. Dann bekamen wir frisch gezapftes Yengling Lager, in einem Plastikbecher! Das ist üblich in Amerika, kein Abwasch, kein Mehrweg, weniger Personal, alles Einweg. Selbst den Whiskey, den sich Happy Feet bestellte, bekam sie in einem Plastikbecher. Die Cola, Sprite usw. werden in Dosen eingekauft und im Pub in einen Becher umgefüllt.

Darüber und über vieles anderes sprachen wir noch lange. Wir hatten viel Zeit. Wir planten, morgen auszuschlafen und einen Zero zu nehmen.

So lernten wir uns genauer kennen.

Happy Feet ist Anfang 30 und hat zwei Brüder, der jüngere ist verheiratet. Ihr Vater und der jüngere Bruder sind Horseshoemaker – Hufschmiede. Sie selbst hat schon in verschiedenen Berufen gearbeitet, als Servicekraft, Tischlerin, Lehrerin und ist nun Staatsanwältin. Das ist in Amerika nicht unüblich, in verschiedenen Berufen zu arbeiten.

Wir mussten schon sehr darüber lachen, daß ich als Polizistin hier am anderen Ende der Welt in der Wildnis eine Staatsanwältin treffe und mit ihr wandere.

Wir erzählten viel über uns und unsere Motivationen, den AT zu gehen.

Meine Motivation ist die Faszination des AT, die Freiheit ohne Zeit und Termine zu leben, in der Natur zu sein, sich um nichts außer um dein essen zu kümmern. Das ist irgendwie auch befreiend. Unsere Kinder sind ausgezogen und somit muß ich niemanden „versorgen", ich bin seit 30 Jahren im Arbeitsprozeß ohne größere Pause, habe zwei Berufe erlernt und von einem Hörsturz im letzten Jahr einen Tinnitus behalten.  Somit tut mir die Auszeit sehr gut.

Mein Partner erzählte von seiner Motivation.

Happy Feet fragte auch, ob es in Deutschland keinen Trail gäbe. Wir erzählten vom Jakobsweg, der uns aber nicht in der Art reizte wie der AT.

Als wir über die Dokumentation berichteten, in der der AT eher aussah wie ein Spaziergang in den Wäldern auf guten Wegen, mussten wir alle sehr lachen. Wir überlegten gemeinsam an die Verfasser der Doku zu schreiben, wie es wirklich ist und Bilder und Videos über unsere Erfahrungen zu senden. Wir denken darüber nach.

Happy Feet erzählte, dass sie Pferde hassen würde, weil ihre Mutter von einem Pferd schwer verletzt wurde und danach starb. Das ist nicht so einfach für sie, weil ihr Vater und ihr Bruder mehrere Pferde besitzen, als Hufschmiede arbeiten und ihre Schwägerin eine Horsetrainerin ist. Sie arbeitet mit schwierigen und wilden Pferden und ist darin sehr gut.

Sie haben einen kleinen Hof mit einigen Pferden.

Sie erzählte uns auch von Peter, ihrem Verlobten. Peter ist ganz plötzlich gestorben, vier Wochen vor der geplanten Hochzeit. Das hat sie völlig umgehauen. Sie kann sich an die Zeit kaum erinnern, obwohl es doch erst fünf Monate her ist. Danach habe sie gelebt wie in einem Nebel, habe nur noch funktioniert. Ihre Familie und Freunde waren für sie da und haben viel für sie getan. Dann beschloss sie ihren Job zu kündigen, hat ihre Lieblingsmöbel und einige Erinnerungsstücke an Peter eingelagert, das gemeinsame Haus in New Orleans verkauft. Ihre Hunde Sassi und Fancy und ihre Katze brachte sie zu ihrem Vater nach Pennsylvania und beschloss, etwas zu tun. Den Appalachian Trail zu wandern.

Ihre Mutter war eine begnadete Wanderin, die sich jedes Jahr eine Auszeit nahm, um in Etappen den AT zu wandern. Da sie über eine hervorragende Konstitution verfügte, wurde es immer schwieriger, einen hiker body[12] zu finden, der mit ihr in ihrem Tempo den AT wandert. Sie hatte bis zu ihrem Tod fast den gesamten Trail geschafft bis auf die letzte Etappe in Maine. Happy Feet hat sie als Jugendliche einmal begleitet und sie haben einen Stop in Duncannon gemacht. Der Trail verläuft durch Duncannon und deswegen möchte Happy Feet auf jeden Fall im Doyle Hotel übernachten, wo sie damals Rast gemacht haben. Dabei glänzten ihre Augen und ich merkte, dass ihr das sehr wichtig sei.

Ihr ist auch bewusst, daß sie nicht in dem Tempo wie ihre Mutter wandern würde, aber sie habe ja viel Zeit. Sie sprach nicht aus, daß sie den Trail auch für sie wandern wollte. Ich wusste es.

---

[12] So werden Wanderpartner genannt.

Wow, die Frau hat in der letzten Zeit einige Schicksalsschläge ertragen müssen. Und hat noch eine anstrengende Zeit vor sich, um die ganze Trauer zu verarbeiten. Die Steine, die sie in ihren Taschen mit sich trägt, sind noch verdammt schwer und bei jedem Schritt zu merken. Mit der Zeit und mit jedem Schritt werden sie vielleicht etwas leichter. Das dauert sicher eine lange Zeit und sie werden tatsächlich nicht leichter. Vielleicht geht auch ein Stein verloren, vielleicht kommt ein neuer hinzu. Aber es tritt eine gewisse Gewöhnung ein und die Steine wiegen nicht mehr so schwer bei jedem Schritt. Deshalb heißt ihr blog: pocket ful of rocks.

Ich glaube, dass viele Menschen hier auf dem Trail ihre Geschichte haben, die sicher tragisch sind. Und es sind bestimmt genauso viele lustige Geschichten dabei.

Wir genossen unsere Biere und fühlten uns recht gut.

**15.04.2014**

Wir schliefen tief und fest wie Murmeltiere. Da in dem Motel das Frühstück inbegriffen war, standen wir rechtzeitig auf, um das sagenhafte Buffet in Augenschein zu nehmen.

Es gab Kaffee und Tee, Mich, O-Saft, Bananen, Waffelteig um Waffeln selbst zu machen, Ahornsirup, abgepackte Muffins und Plunderstücke, Toast, Knäckebrot, Butter und Gelee. Und Plastikgeschirr! Ich weiß nicht, ob ich mich daran gewöhnen kann. Alles war einzeln in Folie verpackt und machte jede Menge Müll. Wir machten uns frische Waffeln mit Sirup, tranken Kaffee und aßen Toast und Bananen.

Es war noch mild, etwa 18 Grad Celsius und Thomas und ich beschlossen, nach dem Frühstück durch den Ort zu laufen. Vielleicht bis zum outdoorladen, der sehr weit weg war. Happy Feet wollte sich später in ein Cafe mit Wifi[13] setzen, um einen Brief an eine Behörde zu senden. Sie wartet seit 5 Monaten auf ein Dokument, das sie dringend für Peters Nachlassregelung braucht. Ich dachte, daß die deutschen Behörden nicht immer zügig arbeiten, aber 5 Monate auf ein Dokument für den Nachlass zu warten, ist schon heftig. Nicht nur, daß sie genug mit ihrer Trauer zu hat, sondern muss sich auch noch mit den Behörden herumärgern.

Thomas und ich gingen zu Fuß als einzige Fußgänger etwa 2 Meilen durch Waynesboro, dann war der Fußweg zu Ende aber wir waren noch nicht am Ende angelangt. Das Weitergehen an der Straße machte keinen Spaß und war nicht sehr sicher. Die Autos rasten an uns vorbei und guckten uns Fußgänger komisch an. Also drehten wir um.

Das Wetter änderte sich nun und es wurde windig und kälter. Als plötzlich ein unglaublicher Regenschauer kam, konnten wir uns in

---

[13] Wlan

einen Minimarket flüchten. Dort konnten wir einen frischen, heißen Kaffee, wahlweise mit Haselnuss-, Vanille- oder anderen Aromen trinken.

Dann zog es uns in den K-Mart, wo es wohl alles zu kaufen gibt. Hier guckten wir nach Videofilmen. Wir wollten Happy Feet als kleines Dankeschön den Film „Happy Feet" schenken. Wir fanden „Happy Feet" Teil 2 und nahmen ihn mit.

Dann kaufte ich noch Sonnencreme, da ich keine eingepackt hatte. Die Sonneneinstrahlung in den Bergen wurde von mir total unterschätzt.

Im Dollar General besorgten wir noch literweise Trinkwasser. Das Wasser aus den Wasserleitungen ist gechlort und das mag niemand von uns trinken.

Im Motel pflegten wir uns weiter, schrieben in unseren blogs, lasen im internet , sahen Fernsehen (es gibt einen Wetterkanal, 24 h nur Wetter!) und es gab Forrest Gump. Es ist für uns Deutsche schon witzig, die Originalstimmen der Schauspieler zu hören, die mit der Synchronstimme nicht übereinstimmen.

Happy Feet freute sich sehr über unser Geschenk und fragte gleich im Motel nach, ob sie einen DVD– Player verleihen. Leider hatten sie keinen.

Thomas hatte seine Entscheidung getroffen und würde am Wochenende den Trail verlassen. Wir konnten keine gemeinsame Alternative finden und die Anforderungen des Trails wären ihm zu hart. Also musste ich für mich überlegen, was ich tun werde.

Happy Feet hatte mir angeboten, sie weiter zu begleiten. Am Wochenende würden wir im Caledonia State Park ihre Familie kennen lernen und dann könnte ich mir ein Bild machen. Dann würde ich entscheiden, wie es für mich weiterginge. Vom Tempo kamen wir gemeinsam gut klar und unser Eindruck war, dass unsere Chemie auch stimmen würde.

Mein Mann war immer noch enttäuscht und wütend auf Thomas und konnte es nicht verstehen.

Zum Abendessen entschieden wir uns, zu Pizza Hut zu gehen. Die Temperatur sank auf Null Grad Celsius. Als wir unsere Pizzen genossen, schneite es! Hammer. Gestern liefen wir im T-Shirt durch Waynesboro und nun schneite es.

Der Schnee blieb eine Weile liegen und taute dann.

Morgen wollten wir wieder auf den AT. Wir beschlossen daraus eine Tagestour zu machen und eine weitere Nacht im Motel zu bleiben. Zum Zelten war es definitiv zu kalt.

**16.04.2014**

Um 8.45 h erschien Dennis und er fuhr uns zum Trail. Natürlich musste er uns noch seine Geschichte weiter erzählen.

Wir ließen uns am Trail, etwa 6 Meilen außerhalb von Waynesboro, absetzen und gingen südwärts bis zum Pen Mar State Park und dann nach Waynesboro. Der Trick war, dass wir uns morgen an der selben Stelle von Dennis absetzen lassen können und dann wieder nordwärts gehen. Somit hätten wir nichts ausgelassen.

Es war sehr kalt und wir hatten alles an, was unsere Rucksäcke an warmer Kleidung hergaben. Zum Glück hatte ich ein dünne Wollmütze noch dabei, die mir die Ohren wärmte. In den Bergen lag sogar noch Schnee, wo die Sonne noch nicht hinkam.

Heute gingen wir nur mit leichtem Tagesgepäck (Wasser, Snacks) und wollten gegen Mittag in Waynesboro etwas essen. Viel essen!! Am späten Vormittag kam die Sonne heraus und es wurde endlich wärmer.

Zur Mittagszeit erreichten wir das Golden Coral, wo wir für ein paar Dollar am Mittagsbuffet essen konnten, solange wir konnten. Und es gab viiiiel Essen, Salat, Kartoffeln, Reis, Nudeln, Fisch, Fleisch, Gemüse, Obst, einen Schokoladenbrunnen, Kuchen und Eis! Wow. Und ich konnte viel essen.

Satt und zufrieden gingen wir zum Motel. Dort pflegten wir uns noch etwas. Happy Feet bot Thomas an, dass ihr Vater ihn am Wochenende zum Bahnhof fahren würde. Dann könnte er, wenn er das so wollte, mit dem Zug oder Bus nach Washington DC oder wo er auch immer hinwollte fahren. Das war ein großartiges Angebot. Obwohl wir uns erst so kurze Zeit kennen, war es für sie selbstverständlich, dass Thomas auch sicher weiterreisen kann.

Ich war gedanklich noch nicht bei der Abreise. Ich wollte nicht, ich konnte nicht. Ich hatte fünf Jahre auf diese Abenteuer hingespart und hingefiebert. Und nun sollte es zu Ende sein? Das brachte mich in einen sehr großen Konflikt. Wir hatten Zuhause unseren Familien versprochen, zusammen zu bleiben. Wenn mein Partner nun abreisen würde, müsste ich mit. Aber ich wollte nicht, noch nicht. Ich war noch nicht bereit, den Trail zu verlassen. Ich war nun in einem fremden Land, mit fremden Abläufen, mit fremden Menschen und in einer anderen Sprache unterwegs und würde mich einer fremden Person anvertrauen. Konnte ich ihr vertrauen? Was ist wenn etwas passiert? Können wir uns aufeinander verlassen? Bin ich dem gewachsen? Mute ich mir zuviel zu? Kann ich jederzeit abbrechen? Ja das konnte ich. Fragen über Fragen.

Happy Feet fragte, ob ich mich entschieden oder eine Tendenz hätte. Und ich teilte ihr meine Gedanken und Bedenken mit. Das konnte sie absolut nachvollziehen. Sie sicherte mir zu, wenn wir gemeinsam weitergehen würden, würde sie alles mit mir absprechen, mir alles erklären (das tat sie ohnehin schon immer!), sie würde sich darum kümmern, dass ich sicher zum nächsten Bus oder Zug kommen würde, wenn ich nach Hause fahren wollte. Ihr Vater wohnt etwa 3-4 Autostunden entfernt von hier und er würde uns jederzeit abholen kommen. Sie telefonierte fast täglich mit ihm und er wusste, dass sie mit two germans grad unterwegs war. Und er freute sich riesig, uns am Wochenende kennen zu lernen.

Wir waren auch schon sehr gespannt auf die Familie.

Das machte mir die Entscheidung ein wenig leichter, musste das jedoch irgendwie meinem Mann am Telefon erklären bzw um seinen Rat fragen.

Das war eine schwere Aufgabe und Entscheidung. Wir vereinbarten, daß ich die Familie am Wochenende kennenlernen und dann eine Entscheidung treffen würde.

Happy Feet meinte es wäre doch eine tolle Verbindung, Happy Feet und Talking Shoe. Sie hat vor ihrer Abreise versucht, eine Partnerin zu finden, die mit ihr gemeinsam den Appalachian Trail oder einen

Teil geht. Leider vergeblich. Sie würde sich sehr freuen, mit mir weiter zu gehen.

Das war ein großer Vertrauensvorschuss, den wir uns gegenseitig geben würden.

Den Abend ließen wir mit bloggen, Nachrichten versenden, surven im internet und TV gucken ausgehen.

Morgen sollte es mit vollem Gepäck weiter gehen.

**17.04.2014**

Nach dem Frühstück checkten wir aus und Dennis, unser vertrauter Shuttlefahrer, fuhr uns zum AT. Es war noch etwas frisch, etwa 2 Grad Celsius, aber wärmer als gestern und es wurde noch wärmer.

Wir wollten heute 6 Meilen bis zum nächsten Shelter gehen. Zu Beginn hatten wir Schwierigkeiten, die Markierung, den white blaze, zu finden.

Die ersten 4 Meilen gingen wir durch einen kahlen und stillen, toten Wald. Es war kein Vogel zu hören, nur das Rascheln des Laubes auf dem Boden, über das wir gingen und der Wind, der uns teilweise recht kräftig um die Ohren blies.

Happy Feet ist in Pennsylvania aufgewachsen und erklärte, dass die Wälder zwar tot aussehen und viel Totholz enthalten, aber im Frühling würden wir sehen, wie schnell die Bäume grün werden. Durch den langen und harten Winter ist die Natur noch nicht soweit und die Vögel sind vermutlich noch in den Tälern, wo es wärmer ist. In ihrer Jugend hat Happy Feet viel gelesen, statt sich mit Freunden zu treffen und musste manchmal ihre Bücher vor ihren Eltern in den Bäumen verstecken, wohin sie sich dann auch zum Lesen verkrochen hat. Wenn sie Krimis las, die in dunklen gespenstischen Wäldern spielten, stellte sie sich die Wälder wie die in Pennsylvania vor. Creepy Pennsylvania.

Ich rief hin und wieder mal in den Wald hinein, bekam aber keine Antwort. Nur Stille. Sehr spooky.

Nach etwa 6 Meilen kamen wir an unserem Traumshelter an- dem Tumbling Run Shelter. Dieser Ort war wie ein kleines Paradies! Mitten in einem kleinen Wäldchen, an einem Bach mit Quelle, lag der Shelter, bestehend aus zwei sehr neuwertigen Häusern- eins für Schnarcher, eins für Nichtschnarcher! Weiter gab es mehrere Zeltplätze auf feinem Untergrund, einer tollen im Boden eingelassenen großen Feuerstelle, einem Privy mit Türklingel, vier Rollen Toilettenpapier und Handsanitizer, schönen Bänken, mehreren Picknicktischen, einer Sitzecke mit Überdachung, die Wege waren mit feinem hellen Kies ausgelegt usw. Der Wahnsinn.

Allerdings hingen an den Bäumen große Zettel mit der Aufschrift: no fire till 1. of May. Da freuten wir uns bei der Kälte auf einen schönes, warmes Lagerfeuer und durften kein Feuer machen. Warum wussten wir nicht. Wir bauten unsere Nachtlager auf und entschlossen, am Abend doch ein Feuer zu machen. Ich nahm einen von den Verbotszetteln und warf ihn in die Feuerstelle. Thomas baute das Feuerholz schon mal auf. Als ich dann im Privy saß, bekam ich mit, dass mindestens zwei Personen mit einem Hund kamen. Als ich aus dem Privy kam, wurde ich von einem Mann angeschrien, wer den Zettel abgerissen hätte. Ob ich nicht wüsste, dass Feuer machen verboten sei usw. Ich wimmelte ihn ab und tat so, als wüsste ich von nichts. Happy Feet saß an dem Picknicktisch und ignorierte ihn wie Thomas, der an der Feuerstelle saß. Irgendwann rauschte der Typ mit der Frau und Hund davon.

Happy Feet war dermaßen sauer und entsetzt, dass wir uns als hiker so etwas anhören lassen müssen. Sie recherchierte im internet und fand heraus, wie der Mann heißt und daß er der Overseer des Shelter sei. Er bekam von uns den Namen Ranger Rick. Sie schrieb eine email an die ATC, ob der Overseer uns das Feuer verbieten dürfte. Sie erhielt von der ATC die Antwort, dass es in verschiedenen örtlichen Wäldern nicht erlaubt sei, Feuer zu machen. Sie entschuldigten sich für das Benehmen des Overseer und wollten ihn zur Rede stellen. Außerdem müssten die Schilder das offizielle Zeichen der ATC/ PATC tragen.

Die Zettel waren einfache Papierzettel ohne das offizielle Zeichen der ATC. Aber wir waren gewarnt.

Wir machten am Abend kein Feuer und gingen mit Sonnenuntergang schlafen.

## Ostern im Caledonia State Park

**18.04.2014**

Am nächsten Morgen, Karfreitag, nach einer echt kalten Nacht, erschien gegen 9 h der Overseer, Ranger Rick, und verteilte von seinem Autoanhänger Rindenmulch um die große Feuerstelle herum und auf den Wegen. Happy Feet machte davon und von seinem Auto Bilder und sandte sie an die ATC. Sie sagte, wenn er mich noch einmal so anbellen sollte, sollten Thomas und ich nur deutsch sprechen und so tun, als würden wir ihn nicht verstehen. Sie selbst wollte so tun, als würde sie Stimmen hören. Ich freute mich schon sehr auf das Theaterspiel. Aber wir kamen nicht zum Einsatz. Ein wenig verrückt fanden wir das schon, dass der Ranger leicht brennbaren Mulch um die Feuerstelle verteilte.

Nach dem Frühstück packten wir und gingen los. Wir mussten uns bewegen, um uns aufzuwärmen. Dieser Ort war ein wirklich schönes Fleckchen im Wald, aber Ranger Rick vermieste es uns.

Für unsere heutige Tagesetappe waren 6 Meilen bis South Mountain geplant. Dort wollten wir den Vater von Happy Feet treffen. Beim ersten Aufstieg, der wieder anstrengend war, fanden wir einige Plastikeier, die eine nette Seele in die Rhododendrenbüsche gehängt hatte mit Wünschen wie Happy Easter, Hallelujah, Jesus is with you usw. Ich nahm ein Ei und öffnete es. Die Eier waren mit Schokoladeneiern gefüllt. Trail magic !! Die Schokolade teilten wir unter uns auf und genossen sie. In das leere Ei füllte ich einige meiner Karamellbonbons und hängte es wieder in den Busch. Von einem rosafarbenen Plastikei auf dem Felsen machte ich während einer Rast Fotos und versandte sie als Ostergrüße an meine Familie.

Am Nachmittag kamen wir bei strahlender Sonne in South Mountain an. Wir suchten die Taverne auf, laut AT Guide ein toller Pub, der sich als ehemaliges Hotel herausstellte. Im Pub wurden wir von einer etwa 65-70 jährigen Frau ohne Zähne begrüßt. Sie blahte uns gleich an, dass wir die Rucksäcke vor der Tür lassen sollten. Wir nahmen am Tresen Platz und fühlten uns wie in die 70er Jahre zurück versetzt. Die Ausstattung, die Werbung, die Wandbilder, die Möbel, einfach alles. Die Tresenfrau war nun sehr freundlich und nahm unsere Bestellung entgegen, wir wollten Burger, Chicken und French Fries und Wasser, Cola und Sprite. Happy Feet versuchte ihren Vater zu erreichen, der noch unterwegs war.

In der Bar kamen wir mit anderen Gästen ins Gespräch. Nach einiger Zeit kamen zwei Pärchen und setzten sich an den Tresen. Die eine Frau sah recht normal aus, während die zweite Frau völlig aufgebrezelt war, tupierte Haare, stark geschminkt, enges Kleid mit Lederjacke und einem Blick in verschiedene Richtungen. Ich fragte Happy Feet, ob sie auch den Eindruck hätte, dass die Frau auf Droge sei. Würde sie in meine Kontrolle kommen, müsste sie auf jeden Fall einen Drogentest machen. Happy Feet bestätigte mich. Sie war auch der Ansicht, dass die Frau ein paar Pillen eingeworfen hätte. Das sei in Amerika in vielen Gesellschaftsschichten weit verbreitet, statt Alkohol. Als die Frau mit der anderen Frau zusammen zur Toilette ging, torkelte sie ziemlich heftig. Sie musste sich an Barhockern und am Tresen festhalten.

Dann passierte etwas lustiges. Die Frauen hatten den Raum grad verlassen, da bestellten die zwei Männer zwei Schnäpse, bezahlten und kippten sie sofort. Bevor die Frauen zurück kamen, schoben sie die Gläser zum Nachbarn und sagten zu allen anwesenden: Quiet. Alle mussten sehr lachen. Insbesondere der Tresennachbar, der auf die leeren Gläser guckte und nichts davon hatte. Dann kamen die Frauen zurück und alle taten, als sei nichts gewesen.

Am späten Nachmittag kam Happy Feets Vater, Michael, der uns sehr herzlich begrüßte als würden wir uns schon ewig kennen. Er holte uns mit seinem Truck ab und wir fuhren gemeinsam zum Caledonia State Park. Der Caledonia State Park ist ein großer Naturpark mit Campingplätzen. Hier hatten Happy Feets Vater und ihr jüngerer Bruder, Tom, zwei Campingplätze gebucht, unweit des Duschraumes.

Es war eine große und herzliche Begrüßung und wir lernten Tom und Happy Feets Hund Sassi kennen.

Dann konnte sich auf Grund des riesigen Platzangebotes jeder einen Zeltplatz aussuchen und sein Zelt aufbauen. Michael und Tom hatten ein großes Zelt dabei, so dass Thomas das Angebot bekam, dort zu schlafen. Denn er hatte ja kein Zelt mehr. Und wir bekamen Post. Da wir unsere schweren Solarlader leid waren, hatten wir im Hostel über das internet kleinere Solarladegeräte bestellt und sie an Michael senden lassen. Und die waren endlich eingetroffen und er brachte sie mit. Jippieh. Es war wieder wie Weihnachten. Thomas hatte sich dazu ein hammock bestellt und baute es gleich auf. Schlafen wollte er aber im Zelt, weil es in der Nacht wieder kalt werden sollte.

Der Park war gut besucht, es waren viele Familien eingetroffen, die über Ostern Car-Camping mit Trucks oder Rolling Vans machen. Nach dem Aufbauen suchten wir Feuerholz und gingen anschließend schön warm duschen. Herrlich.

Happy Feet hatte uns bereits erzählt, daß Tom ein klasse Koch sei und es ihm viel Spaß macht, andere zu bekochen. Zum Abend bauten sie einen Smoker auf und Tom machte uns sein Beer Can Chicken. Dazu wird ein gewürztes Huhn auf eine leere Bierdose gestellt und in einem Smoker etwa zwei Stunden gegart. Hatte ich bis dahin noch nicht gegessen und nun bin ich ein Riesenfan davon. Das Fleisch ist heiß und ganz zart und durch das Garen auf Holzspäne hat es einen sehr eigenen, etwas rauchigen Geschmack. Einfach superlecker. Dazu gab es frischen Salat und Chips.

Wir erzählten viel, über River und Chef, Ranger Rick, Trail Magic und natürlich über uns. Und die Frage, wie es weitergeht.

Es war ein sehr lustiger Abend am Lagerfeuer. Wir erzählten uns Geschichten aus der Jugendzeit, mussten über uns viel lachen und gingen spät schlafen.

Ich empfand diese Gastfreundschaft und Hilfsbereitschaft als ein großes Glück und Geschenk und dankte ihnen.

## 19.04.2014

Der Ostersamstag weckte uns nach einer kalten und kurzen Nacht mit viel Sonnenschein. Michael und Thomas fuhren los und besorgten heißen Kaffee. Tom machte uns eggs und bacon auf einem Campinggaskocher. Sie hatten fast alles dabei. Unglaublich.

Nach dem Frühstück brachen wir zu einer Tagestour über etwa 5 Meilen ohne großes Gepäck auf. Wir nahmen nur Wasser und Trailmix mit. Michael und Hündin Sassi sollten auch mit. Tom fuhr uns im Truck nach South Mountain. Wir ließen die Rucksäcke nicht in den Zelten sondern im Truck. Tom wollte nicht wandern sondern Einkäufe für uns erledigen und auf seine Frau Samantha warten, die nachkommen wollte.

Unsere Tagestour führte uns auf dem Trail durch schöne Wälder und auch einige smarte Anstiege. Sassi, eine etwa 6 jährige Staffordshire-Mix-Hündin, die keine Wanderungen gewohnt ist und etwas mehr Gewicht hatte, machte ganz toll mit. Hunde müssen auf dem Trail angeleint sein. Das war sie auch. Meist schleifte die Leine neben ihr her. Die Leine wurde nur in die Hand genommen, wenn uns andere Personen oder Hunde entgegen kamen. Sie wollte zuerst nur mit ihrem Frauchen, Happy Feet, gehen. Als dann mal Michael oder ich die Gruppe anführten, lief sie vorne neben uns her. Sie wollte mit führen, aber nicht anführen. Sie war die ganze Zeit um uns besorgt und lief immer hin- und her, um sicher zu gehen, dass alle da waren. Ganz klasse.

Unterwegs sahen wir einen Yoga-Baum. Ein Baum der aussah, als würde er Yoga machen.

Michael erzählte viel aus seiner Zeit, bevor er heiratete und eine Familie gründete. Er war viel unterwegs in der ganzen Welt und nie länger als ein- zwei Jahre an einem Ort, so war er u. a. in der Schweiz, Italien, Spanien, im nahen Osten, in Kanada usw. Es war total spannend, seine Geschichten zu hören.

Am frühen Nachmittag waren wir zurück und gingen durch den Caledonia State Park durch einen Rhododendrenwald zum Treffpunkt. Links neben uns lief ein breiter Fluss und wir malten uns aus, wie herrlich das im Sommer sein müsste, wenn es richtig heiß wird. Hin und wieder sahen wir Schmetterlinge, einen weißen und mal einen kleinen blauen Falter.

Wir kamen an einem riesigen Baum vorbei, der quer über einem Seitenarm des Flusses lag. Auf Grund seiner Verfärbung war der Baum vor etwa 2-3 Jahren gefallen. Auf seiner Oberseite hatte jemand den Namen „TOM" eingeritzt. Das sah recht frisch aus. Wir lachten und meinten, dass das ja nicht Tom gewesen sein könnte. Es gibt jede Menge Toms. Doch Michael bestand darauf, dass seine Frau hier langgewandert sei und vielleicht Tom dabei gewesen sein könnte. Da könnte er seinen Namen hier eingeritzt haben. Das verneinten wir auf Grund des Alters des Baumes, denn das müsste ja etwa 10- 15 Jahre zurückliegen. Trotzdem fanden alle die Idee sehr lustig, daß das Tom gemacht haben könnte. Aber er kann das unmöglich getan haben. Wir gingen weiter und kamen nach etwa 10 Minuten an den Parkplatz, dem Treffpunkt. Tom lag dort auf einem Picknicktisch in der Sonne und machte ein Nap (Nickerchen).

Wir erschreckten ihn und erzählten ihm, was wir entdeckt hatten. Tom gab zu, dass er tatsächlich heute seinen Namen in den Baum geritzt habe. Er wollte sich im Rhododendrenwald verstecken und uns erschrecken, wenn wir vorbei kommen. Dann hatte er aber keine Lust mehr, zu warten und legte sich in die Sonne. Glauben wollten wir das erst nicht, aber er konnte genau beschreiben, wo er seinen Namen eingeritzt hatte.

Dafür überraschte er uns mit gekühltem Wasser, frischen Bananen und Wassermelone.

Wir fuhren zusammen zum Campingplatz.

Thomas hatte sich entschlossen, den Trail zu verlassen. Für ihn war das Abenteuer Appalachian Trail zu Ende. Er konnte nicht so wandern, wie es der Trail uns abverlangte. Das ständige Klettern über Steine und Felsen, die enormen Steigungen und die unsicheren Wege waren zu viel für ihn. Er hatte die Befürchtung, sich irgendwann zu verletzen und uns damit zu gefährden.

Das bedeutete für mich, jetzt eine Entscheidung mit allen Konsequenzen zu treffen. Ich wollte noch nicht umkehren und entschied mich, mit Happy Feet weiter zu gehen. Sie freute sich wie verrückt und führte ihren Happy Feet Tanz auf.

Diese Entscheidung musste ich nun noch meinem Mann mitteilen und ich hatte ziemlichen Bammel davor.

Seine Reaktion war schlimmer, als ich befürchtete. Er konnte das Verhalten meines Partners nicht nachvollziehen und war mit meiner Entscheidung nicht einverstanden wegen einer anderen Absprache. Wir diskutierten aber es blieb ein blödes Gefühl bei mir. Obwohl er mich verstehen konnte, dass ich nicht abbrechen wollte, konnte er meine Entscheidung nicht akzeptieren.

Ich war traurig und froh hier zu sein, ich musste weinen und fühlte mich ziemlich allein. Ich war so hin- und hergerissen. Ich wollte nicht umkehren, ich wollte hier nicht aufgeben. Und ich hatte etwas Heimweh.

Thomas packte seine Sachen zusammen, weil er mit Michael am Abend nach Hause fahren wollte. Michael würde ihn heute oder morgen zum Bahnhof bringen, damit er mit dem Zug nach Washington fahren könne. Ich bekam noch ein Taschenmesser von Thomas geschenkt und dann hieß es Abschied nehmen. Michael ist ein sehr liebenswerter, freundlicher und witziger Mann.

Ja und dann war ich allein auf mich gestellt. Das war schon ein eigenartiges Gefühl und ich hoffte, dass es sich in ein gutes Gefühl umkehren würde.

Happy Feet und Tom meinten es sehr gut und versuchten, mich zu trösten.

Tom meinte, ich sollte meinem Mann eine Postkarte schicken worauf steht: ich liebe dich und ich komme bald nach Hause.

Dann erschien Toms Frau, Samantha, mit deren schwarzen Pudel Jackson. Ein verrückter Hund ist das. Den Namen hat er von dem Schauspieler Sam L. Jackson. Samantha ist zur Hälfte Puerto Ricanerin und hat echt Temperament. Leider war sie etwas angeschlagen. Sie hustete und schniefte und hatte am Vorabend Fieber. Sie glaubte, es wäre eine Allergie oder eine Erkältung. Sie erzählte von ihrer Arbeit mit den Pferden.

Dann machte uns Tom haute dawgs und frische Hamburger auf dem Lagerfeuer. Samantha hatte frische Melone, Avocados und verschiedene Saucen mitgebracht. Sehr sehr lecker.

Happy Feet hat, seit wir uns im Free State Hiker Hostel trennten, Kontakt mit River. Er rief fast jeden Tag an und erkundigte sich nach uns. Da sie nun etwa 25 Meilen entfernt in einem Shelter saßen, fragte sie, ob sie nicht zu uns kommen wollten. Wir könnten am nächsten Tag zusammen eine Tagestour machen. Dazu musste sie die beiden mit dem Auto von Samantha abholen.

Als sie erschienen, gab es erst einmal ein großes hello und wir mussten viel erzählen. Es gab so viel von den letzten Tagen zu berichten. Über die Geschichte mit Ranger Rick konnten wir alle lachen.

Sassi war so geschafft, dass sie im Sitzen neben Happy Feet einschlief und auf die Seite fiel.

Später erhielt ich von Thomas noch eine Nachricht, dass er gut in Washington im Motel angekommen sei.

Der Abend klang mit Essen und viel quatschen am Lagerfeuer aus. Chef und River schliefen auch hier.

## Ostersonntag

**20.04.2014**

Nach einer weiteren kühlen Nacht und einer warmen Dusche machte uns Tom wieder Eier und Speck zum Frühstück, einfach lecker. Nur Kaffee gab es leider nicht.

Dann bauten wir unsere Zelte ab, packten unsere Sachen und räumten die Campingreste zusammen. Dabei verlor ich meine Sonnenbrille, was ich erst später bemerkte.

Die Sonne schien herrlich und es sollte ein warmer Tag werden.

Die Rucksäcke packten wir auf die Ladefläche des Trucks und fuhren zum Trail. Diesmal starteten wir nördlich des Caledonia State Parks und gingen zum Caledonia State Park. Dort wollten uns Samantha und Tom am Nachmittag wieder aufnehmen und zu dem Punkt am Trail fahren, von wo aus wir heute Vormittag starteten. So gingen wir mit Chef und River etwa 6 Meilen bei schönem sonnigen Wetter und nur mit Tagesgepäck (Wasser und Snacks). River sagte immer wieder, dass wir den Ausblick angucken und genießen sollten. Der wäre „amazing". Das alles würde man nicht sehen, wenn man als Couchpotato Zuhause sitzen würde.

Damit hatte er absolut recht. Die Ausblicke sind immer wieder gigantisch.

Wir hatten viel Spaß unterwegs und lachten viel.

Chef und River wollten wissen, warum wir nicht in Deutschland wandern würden und ob es in Deutschland solche Trails gebe. Ich erklärte ihnen unsere Gebirge und dass es Trails wie den AT nicht gebe. Ich erklärte ihnen den Jakobsweg, von dem sie noch nichts gehört hatten. Sie fanden die Idee des Jakobsweges ganz nett, aber sie wären auch keine Pilgerer.

Sassi war so geschafft von ihrer ersten Wanderung, daß Happy Feet ihr keine weitere antun wollte. Sie blieb bei „Action Jackson" und Samantha und Tom.

Am Nachmittag trafen wir an dem vereinbarten Treffpunkt ein. Es gab Melone, Bananen und Wasser als Erfrischung.

Dann fuhren wir zu unserem Ausgangspunkt vom Vormittag. Unterwegs hielten wir an einer Tankstelle mit großem Imbiß. Hier besorgten wir uns Erfrischungen (Softdrinks) und viel Essen: Pizza, Burger und Subs.

Ein Teil aßen wir sofort und den Rest nahmen wir als Abendessen mit.

Das System des Imbisses ist simpel. Du stellst dir an einem Monitor dein Essen/ Menue zusammen und bezahlst an der Hauptkasse. Dann bekommst du eine Nummer und die wird dann aufgerufen, wenn dein Essen frisch zubereitet und fertig ist. Ich musste mich durch dieses System am Monitor erst durchlesen und das dauerte etwas. Die Auswahl ist so groß und es wird alles gefragt. Welches Gericht, welches Brot, welcher Käse, welche Saucen, welche Gewürze, welche frischen Zutaten wie Tomaten, Salat, Gurke, Zwiebeln, Getränke dazu und ein Dessert ? Später half mir Happy Feet.

Ich hatte Riesendurst und habe mir einen Becher Eistee in der Größe M bestellt. Das waren etwa ein dreiviertel Liter. Ich glaube, Größe L wäre ein Liter gewesen. ;)

Am Trail angekommen hieß es dann wieder Abschied nehmen. Samantha und Tom luden mich ein, sie in Delaware besuchen zu kommen. Das würde auf dem Trail liegen. Ich bedankte mich für die Einladung und wusste, dass es ziemlich entfernt war, etwa 200 Meilen von hier.

River und Chef fuhren mit den beiden noch weiter nordwärts, da sie die nächsten 25/30 Meilen nicht noch einmal gehen wollten. Schade. Es wäre sicher witzig geworden.

Schweren Herzens fuhren die anderen davon und wir gingen los. Happy Feet hatte glänzende Augen, weil sie sich wieder von ihrem Hund Sassi trennen musste.

Happy Feet und ich hatten entschieden, weitere drei Meilen bis zu einer PATC- Mitgliederhütte zu gehen. Dort sei eine Quelle und wir wollten dort zelten. Bis zum nächsten Shelter würdenen wir es bei Tageslicht nicht schaffen. Wir fanden in der Nähe der Quelle eine schöne Stelle mit Feuerplatz, direkt am Berg. Nach dem wir unsere Zelte aufgebaut, gegessen und die Beutel in einen Baum gehängt hatten, gingen wir zur Hikermidnight schlafen. Ich glaube, Happy Feet war etwas traurig wegen des Abschieds von ihrem Hund und ihrer Familie. Es war so schön in den letzten Tagen. Und nun ging es zu zweit weiter. Wer weiß, was wir noch erleben sollten.

Hier am Berg hatten wir keinen oder nur sehr schlechten Handyempfang. Das machte uns etwas unruhig. Allerdings war eine Familie in der PATC-Hütte, etwa 200 Meter den Berg hinunter, so dass wir im Notfall Hilfe hätten holen können.

# Wir gehen zu zweit weiter

**21.04.2014**

Wir wurden vom Sonnenschein geweckt und die letzte Nacht war nicht mehr so kalt. Nach dem Frühstück gingen wir los. Wir wollten heute 8 Meilen bis nächsten Shelter schaffen. Dann hätten wir Dienstag nur 3 Meilen bis Pine Grove, falls es regnen sollte wie angekündigt.

Der heutige Weg war toll. Wir gingen durch feine Kiefernwälder, die noch nicht sehr alt waren. Der weiche Nadelboden war eine angenehme Abwechslung zu den ewig harten Steinen und Felsen. Und es roch ein wenig wie an Weihnachten. Wir kamen an einem Steinkreis vorbei, zwei miteinander verbundene Ringe, mit einer kleinen Vase mit frischen Blumen. An diesem Ort wurden vor etwa 20 Jahren zwei Frauen überfallen. Die eine Frau konnte schwer verletzt flüchten und Hilfe holen. Die andere Frau hat leider nicht überlebt und der geisteskranke Täter wurde gefasst. Wir vermuteten, dass die überlebende Frau den Steinkreis gebaut und die Blumen gebracht hatte.

Wir gingen weiter durch schöne, grüner werdende Wälder, mit Rhododendren und Kiefern, hörten Vögel und waren gut gelaunt.

Ein schöner Zeitvertreib unterwegs ist es sich gegenseitig zu fragen, welches Essen wir vermissen oder am liebsten essen würden. Ich hatte Appetit auf Spargel mit Sauce Hollandaise, da jetzt in Deutschland die Spargelsaison begann. Und auf Erdbeeren.

Happy Feet hätte gern Fried Chicken und Fried Vegetables, grüne Tomaten, gegessen. In ihrem Wohnort gibt es das beste Restaurant, das die besten Fried Chicken zubereitet. Eine Delikatesse sind grüne Tomaten. Sie schmecken sehr fruchtig und haben eine hauchdünne Schale, weshalb sie nicht lange gelagert oder versandt werden können.

Die Küche in Luisiana bzw New Orleans ist eine Mischung aus kreolischer, afrikanischer und französischer Küche, in der alles frittiert wird. Vor über 100 Jahren gab es noch keine Kühlschränke. Da sich bei der großen Wärme in Luisiana kein Fleisch oder Gemüse usw lange hielt, kam das Essen in einen Topf mit siedendem Fett, was das Essen schnell garen lässt. Allerdings darf nicht zu viel Fleisch oder Gemüse in den Topf, da sonst die Fetttemperatur sinkt, das Essen länger benötigt und sich mit dem flüssigen Fett vollsaugen kann.

Apropos warm, es war heute sehr warm bis heiß. Wir kamen an dem AT-Midpoint vorbei. Der Trail wird jedes Jahr neu vermessen. Fast jedes Jahr wird der Mittelpunkt neu berechnet und verlegt, da der Trail seit Jahren immer länger und schwieriger wird. Von hier aus sind es genau 1082 Meilen bis Springer Mountain in Georgia und bis zum Mount Katahdin in Maine.

Unsere Wasservorräte reichten grad bis zum Toms Run Shelter. Der Platz liegt am Fuß des Berges, umgeben von einem rauschendem Bach und einer Quelle. Es gab einen Shelter, einen überdachten Picknicktisch und mehrere Zeltplätze. Wir bauten unsere Zelte auf, filterten Wasser, kühlten unsere Füße und Happy Feet badete. Da ich etwas müde war und Kopfschmerzen hatte, legte ich mich in mein offenes Zelt und schlief etwa eine Stunde. Heute trank ich etwa 4,5 – 5 Liter Wasser!

Wir hatten am Nachmittag mal wieder viel Zeit, obwohl wir heute so weit gegangen waren. Und wir hatten Handyempfang.

Ich teilte meinem Mann mit, dass ich mich entschieden hatte weiter zu gehen und wir jetzt am Toms Run Shelter sind. Es wäre alles gut, ich hätte nur manchmal, wie gestern, keinen Empfang, was vermutlich an den Bergen liegt. Gedanklich hatte ich mich entschieden, nicht bis zum August auf dem Trail zu laufen, sondern eher bis Ende Mai. Und dass ich es nicht bis zum Mount Katahdin schaffen würde, war mir nun auch klar. Jedoch machte mir das im

Moment nichts aus. Denn ich war hier und ging den Trail, so weit ich kommen würde. Aber mal sehen was noch so passieren wird.

In der Nacht hörten Happy Feet und ich drei mal hintereinander ein Käuzchen, was aber vom Klang her zu perfekt war. Wir vermuteten, daß das Jäger oder andere Wanderer waren. Schon etwas unheimlich.

Ein offenes Feuer zu machen war immer noch verboten bis zum 01. Mai.

**22.04.14**

Am frühen Morgen saßen drei Wanderer in Camouflageklamotten mit dem Aufdruck: „Fire- fighters" ( Feuerwehrmänner) im Shelter. Sie sind vermutlich in der Nacht noch gekommen. Ich habe davon nichts gehört, es sei denn, sie waren die Kauze. Happy Feet vermutete das auch.

Sie machten am Morgen ein Feuer. Happy Feet sprach sie auf das Feuerverbot an. Sie meinten, sie wären fire-fighter und wüssten, wie ein Feuer zu beherrschen sei. Damit ließ sie die drei Jungs stehen und ging. Sie meinte später zu mir, dass die drei ziemlich schräg sind.

Wir machten uns nach dem Frühstück bei Sonne und Wolken auf den Weg nach Pine Grove Furnace Park. Es sollte heute noch einen kräftigen Regenschauer mit Donner und Hagel geben.

In Pennsylvania kann jeder über 18 Jahren eine Waffe erwerben und sie auch öffentlich tragen. Genauso ist es mit Messern. Die Waffe muss gut sichtbar getragen werden. Schießen lernen kann dann jeder im Wald oder auf seinem Hof. Das erklärt mir, weshalb wir in den letzten Tagen so viele Schüsse hörten. Mal sehr nah, mal sehr weit weg.

Happy Feet meinte ironisch: jeder Tag, an dem in Pennsylvania nicht geschossen wurde, ist ein guter Tag! Sie hatte vor der Wanderung eine orangefarbene Weste geschenkt bekommen auf der steht: „I am a hiker, not a bear". Die hatte sie aber nicht dabei, da der Aufdruck durch den Rucksack verdeckt wäre.

Wir unterhielten uns viel über das Waffenrecht in Amerika und im Vergleich dazu in Deutschland. Sie hätte gern das deutsche Waffenrecht mit Waffenbesitzkarte und Waffenschein, mit der Aufbewahrungspflicht in einem Waffenschrank, getrennt von Munition. Sie ist der Ansicht und die teile ich auch, dass es weniger Schussopfer, Tote und Amokläufe gäbe, wenn das amerikanische

Waffenrecht verschärft werden würde. Leider ist die Waffenlobby jedoch sehr stark in Amerika und Waffengegner haben kaum Chancen. Es wäre schon ein kleiner Schritt, wenn man beim Kauf einer Waffe einen Rabatt für einen Waffenschrank erhalten würde. So hätten alle etwas davon, der Käufer, der Verkäufer und der Hersteller.

Happy Feet denkt darüber nach, eine Petition mit dieser Idee einzureichen.

Auf dem Weg nach Pine Grove Furnace Park trafen wir eine muntere Frauengruppe, mit der wir kurz plauderten. Sie waren auf einer Tagestour. Da es nur drei Meilen bis Pine Grove F P waren, kamen wir am Vormittag dort an. Allerdings hatte sich der gesamte Ort nicht auf unseren Besuch eingestellt.

Das einzige Hostel hat Dienstags Ruhetag, heute war Dienstag.

Das AT- Museum war noch geschlossen, die Saison hatte noch nicht begonnen.

Der Half Gallon Ice Cream Store hatte leider nur am Wochenende geöffnet. Schade, wir hatten uns sehr auf Eis und Burger gefreut und wollten etwas einkaufen, da unsere Vorräte langsam zuende gingen. Dieser Store ist bekannt für seine Half Gallon Ice Cream Challenge, an der auch River teilgenommen hat. Du musst innerhalb von 15 Minuten eine halbe Gallone, etwa 1,7 Liter Eis essen, um die Challenge zu gewinnen und in den Club aufgenommen zu werden. Und er hatte es geschafft.

Happy Feet hatte am gestrigen Tag mit dem Büro des Campingplatzes telefoniert und um Reservierung eines Zimmers in dem dortigen Haus gebeten. Ihr wurde gesagt, dass die Zimmer nicht reserviert werden können. First come, first get. Wer zuerst käme, würde ein Zimmer bekommen (es gibt nur drei Zimmer).

Als wir nun im Büro dieses Parks, der zu den Nationalpark gehört, ankamen, wurde uns erzählt, dass die Zimmer seit Wochen belegt sind!! Und keine der anwesenden drei Frauen wusste, wer ihr gestern eine andere Auskunft gegeben hätte. Ich habe Happy Feet in der gesamten Zeit noch nie so sauer und wütend erlebt, wie jetzt. Sie fand diese Auskunft als verar...... Als Alternative wurde uns angeboten bis zum nächsten Shelter, also 8 Meilen, weiter zu gehen. Von einem Unwetter mit Blitz und Hagel hätten sie nichts gehört. Es sollte höchstens einen Schauer geben.

Wir könnten auch einen Zeltplatz mieten, mit oder ohne Strom. Es wäre nicht weit zu Fuß dorthin.

Wir gingen vor die Tür und Happy Feet ließ erst einmal Dampf ab. Sie meinte, dass sie mit dieser älteren Frau gestern telefoniert habe, die uns eben etwas anderes sagte. Das wäre unfassbar. Sie wäre belogen worden. Und die Mitarbeiter eines Nationalparks würden uns bei Gewitter in die Berge schicken. Ich konnte sie kaum beruhigen. Wir besprachen uns und wir wollten auf keinen Fall bei Gewitter in die Berge gehen. Also buchten wir einen Zeltplatz ohne Strom in der Nähe des Duschraumes für schlappe 23 $. Die ältere Dame zeigte uns den Weg auf einem Plan. Es wäre nicht zu verfehlen.

Also machten wir uns auf den Weg über den Campingplatz. Und es war nichts ausgeschildert. Happy Feet gab der älteren Dame im Office den Namen „windowlicker". Und von mir lernte sie einen entsprechenden deutschen Begriff!

Da wir den Zeltplatz nicht so einfach fanden wie versprochen, entschloss ich mich, einen Mitarbeiter zu fragen, der in einer Zuwegung in einem Auto saß. Ich ging zu dem Auto und dachte, dass der Mann mich gesehen hätte. Als ich an seiner Fahrertür stand, erschrak er sich dermaßen. Er wurde ganz fahrig. Ich fragte ihn, ob er uns zeigen könnte, wo unser Zeltplatz sei. Er sagte, er dürfe uns mit dem Wagen nicht dorthin fahren, würde uns den Ort aber zeigen.

Ich ging zu Happy Feet zurück und erzählte ihr, daß ich den Eindruck hätte, daß der Typ betrunken sei. Er hätte nach Sprit gerochen und sprach etwas undeutlich. Er fuhr dann los und wir kamen zu Fuß mit unseren Rucksäcken so schnell nicht hinterher.

Er bog dann von der Hauptstraße ab und war nicht mehr zu sehen. Wir dachten, er wäre woanders hingefahren. Als wir etwa 800 Meter gegangen waren, rutschte der Mann plötzlich vor uns durch einen Busch einen Hang runter und lallte etwas von einer Abkürzung zu unserem Platz. Wir gingen den Hang hinauf und er hatte Recht. Er kam den Hang nicht wieder hinauf, verabschiedete sich und fuhr weg. Wir waren froh, daß er weg war und wir unseren Zeltplatz gefunden hatten.

Wir bauten unsere Zelte auf und suchten etwas Feuerholz für den Abend zusammen. Da wir unsere Stromverbraucher mal wieder aufladen mussten, gingen wir in den Duschraum und duschten. Die Elektrogeräte schlossen wir an die Steckdosen an. Nach dem Duschen machten wir es uns auf dem Boden im Duschraum gemütlich. Wir lasen, erzählten uns Geschichten, ich kochte Ramen Nudeln und machte uns Kaffee. Da es bis zum Nachmittag warm und sonnig- bewölkt war, holte ich uns aus dem Getränkeautomaten am Half Gallon Ice Cream Store eine Cola und Brause. Ich fand in einem Tisch am Store das Traillogbuch und zwei Äpfel. Ich trug uns im Logbuch ein und machte unserer Enttäuschung Luft. Vor uns waren andere Hiker auch enttäuscht weiter gezogen. Einen Apfel nahm ich für uns mit. Trail Magic! Happy Feet freute sich über den Apfel.

Es war unter den Umständen sehr witzig im Duschraum. Die wenigen Frauen, die auf dem Campingplatz waren und die Toiletten aufsuchten, fanden es sehr belustigend. Happy Feet rief einen Shuttlefahrer an, den uns die Bürolady empfohlen hatte, ob er uns zum nächsten Store/ Supermarkt fahren könnte. Er wollte 30 $ haben für die Anfahrt, pro Person 20 $ für die ersten Meilen, dann weitere $ pro Meile. Und er würde nicht bis zum Pine Grove Furnace Park fahren, sondern uns an der Bundesstraße (etwa 1 Meile entfernt) aufnehmen und absetzen. Sie bedankte sich für das Gespräch und legte auf. Der hatte anscheinend keine Lust, sich heute noch zu bewegen. Der Preis war unverschämt teuer. Das wollten wir am nächsten Tag auf seinem Flyer am Store notieren.

Am Nachmittag zog sich der Himmel zu, es wurde stürmisch und schwarze Wolken zogen auf. Dann fing es plötzlich an zu regnen, Starkregen mit Blitz und Donner. Ich sah zum ersten Mal waagerechte Blitze, an denen wie Finger Blitze zu Boden zuckten. Als Höhepunkt kam noch Hagel hinzu. Wir hofften, dass unsere Zelte dem standhalten würden. Nun waren wir überzeugt, dass diese Entscheidung richtig war, hier zu bleiben und nicht weiter zu gehen.

Nach etwa einer halben Stunde war alles vorbei. Das sollte also nur ein kleiner Schauer gewesen sein.

Wir guckten nach unseren Zelten. Mein Zelt hatte dicht gehalten. Das Zelt von Happy Feet auch, allerdings war ihr Zelt umgeweht und so hatte es reingeregnet. Ihr Rucksack und zwei, drei Sachen waren naß. Die trockneten wir um Duschraum unter den Handtrocknern. Das ging sehr gut. So hatte ich mein Mikrofaserduschtuch nach dem Duschen auch getrocknet.

Am Abend machten wir noch ein Feuer. Ich hatte noch etwas Grillanzünder, den ich zerbröselte und entzündete das Feuer. Anfangs wollte das Holz wegen der Nässe nicht brennen. Happy Feet zerriss dann ein ausgelesenes Buch und verbrannte ein Blatt nach dem anderen. Nach etwa 10 Minuten brannte das Feuer richtig gut. Es wurde groß und schön heiß und wir grillten noch etwas Salami. Im Laufe des Abends kam ein Auto vorgefahren, hielt an und eine Gruppe Heranwachsender fragte, ob sie uns Feuerholz abkaufen könnten. Sie sahen unser Feuer, das Größte im Park, und wollten auch ein Feuer machen, fanden aber kein Feuerholz. Wir luden sie ein, sich unser restliches Holz abzuholen. Wir hatten genug und es hatte uns nichts gekostet. Sie bedankten sich sehr freundlich und nahmen das Holz mit. Im Weggehen meinten sie über uns, daß wir smart wären. Wir wünschten Ihnen viel Spaß. Es waren übrigens vier junge Männer vom Maryland College.

Wir gingen dann auch zu Bett und versuchten das Feuer zu löschen. Es entzündete sich erneut weil die Kohle noch sehr glühte.

Wir gingen dann trotzdem schlafen. Es konnte nichts passieren, weil die Feuerstelle ein fester Betonring war, der zur Hälfte in den Boden eingelassen war.

In der Nacht quakten unzählige Frösche höllisch laut, da um unseren Zeltplatz anscheinend viel Wasser war.

**23.04.2014**

Eine klare und kühle Nacht, ein kühler Morgen.

Wir duschten sehr ausgiebig, aßen Frühstück und packten unsere Zelte und Sachen ein.

Im Office checkten wir aus und bedankten uns noch einmal für die Gastfreundschaft. Es war denen noch nicht einmal unangenehm.

Bloß weg von hier. Der AT führte teilweise durch den Park, der sehr schön war. Das mussten wir dann doch zugeben.

Wir beschlossen heute bis zum Deer Run Campground zu gehen, etwa 11,5 Meilen. Die nächste Nacht sollte wieder sehr kühl werden. Und wir wollten versuchen, eine Hütte zu mieten.

Unterwegs wollten und mussten wir einkaufen. Viel Essen hatten wir nicht mehr. Laut dem AT-Guide sollten wir an einem kleinen Store vorbei kommen. Nach etwa 7-8 Meilen mussten wir den Trail verlassen und an einer viel befahrenen Straße einen steilen Berg hochlaufen, um zu dem Store zu kommen. Im Green Mountain Store fanden wir alles, was wir brauchten. Frischen Käse, Brot, einen Kaffeeautomaten, Eis und einen Imbiß. Ich aß einen halben Cheeseburger Sub, einen Kopenhagener, trank zwei Kaffee, kaufte Käse und Müsliriegel und mischte mir Trail Mix selbst zusammen aus Rosinen, Erdnüssen und Schokolinsen. Happy Feet aß einen Hamburger, trank Schokomilch und ein Malzbier. Außerdem kaufte sie noch Brot, Käse und Chips. Chips sind sehr nahrhaft und wiegen wenig. Wir haben eine neue Packmethode gefunden, die Chipstüte wird einfach unter die Regenhaube des Rucksackes gepackt. Dort werden die Chips nicht zerdrückt und nehmen keinen Platz weg. Wir setzten uns vor dem Store an einen Picknicktisch und genossen die leckeren Sachen. Es war wie ein kleines Paradies. Bis zum Campingplatz waren es noch etwa 4 Meilen. Wir mußten an der Straße wieder zurückgehen und hatten das Gefühl, dass die Autos an uns vorbeirasten. Einige machten einen Bogen um uns, viele grüßten uns, aber es gab auch erschreckend unzählige Autofahrer und Fahrerinnen, die während der Fahrt telefonierten, auf ihr Smartphone guckten oder Nachrichten tippten und nicht auf die Straße sahen. Uh, das machte mir etwas Angst. Happy Feet erzählte mir, dass sie sich an der Straße auch nicht sicher fühlte. So behielten wir in Zukunft immer die Autofahrer im Blick, ob sie uns wahrgenommen haben.

Am Deer Run Campground trafen wir am Nachmittag ein und bekamen die einzige freie Hütte. Der Platz liegt in einem schönen Tal zwischen zwei Bergen, hat einen kleinen Fischteich, einen großen Pool, der noch nicht gefüllt war und jede Menge Spielgeräte für Kinder. Er war schon gut besucht und wir bekamen noch eine (von zwei) Hütten. Die Hütte war direkt am Waldrand und die Duschen, Toiletten und Waschmaschinen und Trockner nebenan. Besser ging es nicht. Die Hütte hatte zwei Schlafzimmer, Strom und damit Heizung! Wir beschlossen nach dem Duschen und waschen unserer Klamotten uns von dem Fernseher berieseln zu lassen und mit süßen Keksen vollzustopfen, die Happy Feet im Store gekauft hatte. Es war ein klasse Abend!

Dasitzen in einer warmen Hütte, fernsehen und nix tun. Nur Dasein im hier und jetzt.! In der Nacht wurde es wieder sehr kalt.

**24.04.2014**

Am frühen Morgen wurden wir mit tollem Sonnenschein geweckt! Der Tag begann wieder ganz entspannt. Wir wollten heute bis Boiling Springs gehen, 8 Meilen. Im Guide stand, daß der Weg stellenweise Rock maze sei, was wir nicht ganz deuten konnten. Also gingen wir los.

Happy Feet hatte am gestrigen Tag mit einem Resort in Boiling Springs telefoniert, um für uns ein Zimmer zu reservieren. Wir wollten dort einen Zero einlegen und eine gute Freundin von Happy Feet, Donnatella, treffen. Sie wollte gern mit uns wandern und eine Deutsche kennen lernen. Im Resort konnten Sie uns kein Zimmer reservieren. Wir sollten erst einmal dort erscheinen und dann könnten sie uns eine Auskunft geben.

In Boiling Springs sollte es einen kleinen outfitter geben, der auch etwas Wanderbedarf verkauft. Ich suchte immer noch dringend nach einem Wanderstock. Und eine neue Sonnenbrille.

Der Weg nach Boiling Springs war in der Tat heftig. Wir hatten drei Berge zu überwinden. Die Wege bestanden aus riesigen Steinen und Felsen.

Am ersten Berg trafen wir einen Trailrunner, der den Berg hinaufläuft, auf der anderen Seite wieder runter, umdreht und den Berg wieder hinauf- und hinunterläuft. Dieser Sport ist hier grad angesagter als Jogging.

Dann trafen wir einen Mann etwa Anfang 50, der zu einem hammock-event in Pine Grove Furnace Park wollte. Dort hatten sich etwa 150 Hiker mit hammocks angemeldet. Wir stellten uns den Park bildlich vor und amüsierten uns über einen Ort voll Kokons. Auf was für Ideen einige Menschen kommen. Wir wünschten uns gegenseitig viel Spaß und take care.

Wenig später trafen wir eine nette Frau Ende fünfzig, Anfang sechzig. Sie machte grade Rast und wir kamen ins Gespräch. Sie fragte uns, ob wir dem Mann mit dem hammock begegnet sind und wie lange das her sei. Dann erzählte sie, dass sie Künstlerin ist und sehr gern wandert. Sie wandert meist allein, weil es schwer ist, in dem Alter andere Wanderer zu finden, die noch so fit sind und den Trail wandern wollen. Ihr Mann wandert nicht so weit und wartet Zuhause auf sie. Happy Feet erzählte von ihrer Mutter und anderen Hikern und gab ihr die Nummer ihres Vaters, der den Kontakt zu einer anderen Wanderin herstellen könnte, die mit ihrer Mutter viel gewandert ist. Die Frau freute sich sehr darüber. Wir wünschten uns take care and enjoy it und gingen weiter.

Als Höhepunkt des Tages führte uns der Trail im Zick Zack über die Felsbrocken und durch schmale Felsen hindurch. Wir mussten richtig klettern. An einigen Stellen mussten wir die Rucksacke abnehmen, den Felsen hinaufklettern und dann den Rucksack hinterher ziehen. Happy Feet macht es sich einfacher und kletterte unter dem Felsen durch.

Der white blaze war kreuz und quer über die Felsen gemalt. Wir fanden sogar an einer Stelle eine Himmelsrose, wo der Nordpfeil fehlte.

Zu den Markierungen fiel mir ein Spruch ein: „der Bauer muss betrunken gewesen sein, als er den Ochsen mit dem Pinsel losjagte". Das war zu schwer zu übersetzen also machte ich daraus: the painter must be drunken when he painted the blazes. Das fand Happy Feet sehr lustig und merkte sich den Spruch.

Unterwegs trafen wir noch eine Frau mit Hund und eine Familie.

Wir kamen an einer Stelle vorbei, die ehemals den Mittelpunkt des AT darstellte. Es war eine bronzeartige Gedenktafel auf einem großen Stein. Von hier hatten wir einen tollen Blick über die Talebene. Es roch hier oben nach Kuhstall, konnten aber weit und breit keine Rinder sehen oder hören. Der letzte Abstieg zog sich sehr hin durch einen Wald mit riesigen Löchern im Boden, die mehrere Meter im Durchmesser hatten. Wir fragten uns ob das Krater von Meteoriten wären??

Bis Boiling Springs mussten wir noch etwa 1 Meile an Feldern und Straßen entlang gehen. Happy Feet telefonierte noch einmal mit dem Resort, die dann sagten, wir sollten erstmal hinkommen, es wäre aber schon sehr voll.

Pennsylvania hat viel Ähnlichkeit mit Schleswig-Holstein, es ist sehr grün mit viel Landwirtschaft, aber mit Bergen. Teilweise hat die PATC das Land gekauft, wo der Trail entlangführt. Die PATC verpachtet das Land dann an die Bauern weiter mit der Vereinbarung, daß der Trail dort bleibt und den Hikern das Betretungsrecht/ Durchwandern gestattet.

In Boiling Springs angekommen, gingen wir am See entlang und guckten bei der ATC vorbei. Dort sollte es für hiker freies Essen und Trinken geben. Ja, wir konnten dort Müsliriegel kaufen und Wasser aus dem draußen gelegenen Wasserhahn holen. Gechlortes Wasser aus dem Hahn wollten wir dennoch nicht. Wir schauten uns nach Strümpfen für Happy Feet um, jedoch fanden wir 22 $ für ein Paar Wollsocken mit AT– Emblem etwas überteuert. Ebenso die T-Shirts, die aus Baumwolle und damit zu schwer waren. Der junge Mann, der dort arbeitete, war nicht sehr gesprächig, bot aber Hilfe an, wenn wir etwas wissen wollten. Wir trugen uns ins Logbuch ein und gingen weiter.

Dann mussten wir noch etwa 0,8 Meilen an der Hauptstraße entlang bis zum Hotel gehen, dem Allenberry Resort. Dort war eine sehr liebevolle Dame an der Reception und gab uns für einen Spezialpreis (Hikerprice) ein Zimmer im Nachbarhaus. Hier waren noch etwa 50 DZ frei! Von wegen wir sind schon sehr voll. Am Abend sollte es noch eine Theaterveranstaltung und Essen vom Buffet geben. Wir freuten uns sehr über duschen, ausruhen und essen!

Ich habe heute meine ersten 100 Meilen geschafft! Jippieh!!

Das Allenberry Resort ist ein großes Familienhotel mit Zimmern und Bungalows, einem eigenem Theater, Tennisplätzen, einem Fliegenfischereimuseum und einem tollen Fluß hinter dem Haus. Das Resort hatte seine besten Zeiten zwischen 1930 und 1980 gehabt. Es war etwas renovierungsbedürftig.

In dem Theater finden zum Wochenende Vorführungen statt, wohin dann Gruppen in Bussen anreisen und sich amüsieren. An diesem Wochenende sollte ein Krimi-Wochenenden stattfinden.

Zum Abendbuffet trafen die Schauspieler und Besucher ein, so daß das Hotel gut besucht war. Der Speisesaal war voll mit verkleideten Personen. Es spielte wohl in den 1920er.

Das Essenbuffet war wunderbar. Essen soweit das Auge reichte und für jeden Geschmack. Und bis nichts mehr hineinging. Ich war sehr erstaunt über mich selbst, wie viel ich essen konnte.

Morgen werden die Füße und Knie geschont und gepflegt. Nach 10 Tagen wandern sollten wir mal wieder einen Zero nehmen.

Mein Rucksack ist immer noch recht schwer durch das Zelt und das Essen. Egal wie ich ihn einstelle, er drückt meist an meinem rechten Beckenknochen und macht mir jeden Tag einen neuen blauen Fleck. Außerdem geht das Gewicht und das bergauf, bergab steigen mittlerweile auf die Kniegelenke, die auch schon schmerzen. Ich möchte auch nicht ständig Tabletten nehmen.

Der Abend klang mit einem Bier, Wetterkanal gucken und stink bugs[14] jagen aus. Die sitzen überall, an den Wänden, hinter Lampenschirmen, unter den Betten. Ich habe am ersten Abend etwa

---

[14] stink bugs sind Stinkkäfer, die aus Asien stammen. Sie sind vermutlich durch Überseekontainer auf dem amerikanischen Kontinent gelandet und verbreiten sich bisher nur an der Ostküste. Ihr einziger natürlicher Feind ist der Pfau . Sie sollten nicht zertreten werden, da sie dann ein stinkendes Öl verbreiten. Daher der Name Stinkkäfer.

6-8 Käfer vor die Tür gesetzt und die gleiche Anzahl in der Toilette
runtergespült.

## Donnatella

**25.04.2014**

Die Nacht war etwas unruhig, da im Nachbarzimmer aufgeregte Frauen sich bis zum Morgen laut unterhielten und lachten.

Beim Frühstücksbuffet setzte das Krimitheater fort und es geschah ein Mord. Schuß, Lärm, Geschrei! Was für ein Spaß. Happy Feet und ich hatten die vermeintliche Täterin schon ausgemacht. Klar, hier sitzen ja auch Profis! Das wusste nur keiner.

Wir aßen in Ruhe Panncakes, Bagels, Eier, Obst, Müsli und tranken viel Kaffee.

Nach dem Frühstück gingen wir gemütlich in den Ort, der aus einem Restaurant, einer Post, einer Tankstelle, einem Supermarkt, einem Fischereigeschäft, einem See und einem tollen Cafe besteht.

Wir besuchten den Fischereiladen, der leider keine Wanderstöcke führte. Wir kauften hier Postkarten und bezahlten irrsinnige 22 $ für 8 Karten. Der Typ hatte nebenbei telefoniert und war etwas geistesabwesend, als wir die Karten kauften. Wir bekamen auf Nachfrage unser Geld zurück. Dann gingen wir in den Minimarkt an der Tankstelle, wo ich mir eine neue Sonnenbrille kaufen konnte. Nicht besonders toll, aber wenigstens etwas Schutz für die Augen. Dann besuchten wir das Cafe und bestellten uns frisch gebrühten Latte Macchiato mir doppelten Espresso. Mmmhh, welch ein Genuß. Wir setzten uns auf die Terrasse und genossen die Sonne und Ruhe. Gegenüber, direkt am See, steht ein Glockenturm, der ein Kriegsdenkmal darstellt. Dort beobachteten wir eine Schulklasse und bekamen zu erfahren, dass im See an zwei Stellen Quellen zu sehen sind, woher der Ort auch seinen Namen hat: Boiling Springs- kochende Quellen.

Um 12 Uhr schlug der Turm mit dem Big- Ben- Glockenschlag.

Dann kam ein Hiker vorbei, der abgerissen aussah. Am Hals hatte er übergroße Tattoos und an beiden Armen. Sein Rucksack wirkte riesig und er hatte eine Kühltasche dabei. Welcher Hiker schleppt eine Kühltasche mit sich herum fragten wir uns. Er nahm keine Notiz von uns und ging weiter.

Später guckten wir uns auch die Quellen an.

Happy Feet holte bei der Post einen Brief ab. Ihr Schwager hatte ihr wasserlösliche Tattoos geschickt, einen Kompaß. Wir fanden die Idee sehr lustig, nur bei Regen konnte sie den nicht tragen.

Am Nachmittag guckten wir uns das Fliegenfischereimuseum an und schrieben Postkarten. Ich telefonierte mit meiner Freundin, die sich um mich sorgte. Ich konnte ihr versichern, dass es mir/ uns gut ginge und wir uns heute ausruhen und pflegen würden. Mit Happy Feet an meiner Seite fühlte ich mich gut und sicher und wir verstanden uns auch gut.

Happy Feet erkundigte sich, ob sie sich eine Fliegenrute ausleihen und angeln könnte. Leider hatte das Resort keine Leihruten. Happy Feet war früher mit Peter Fliegenfischen. Sie erzählte mir davon, wie gern sie gemeinsam unterwegs waren zum Fischen.

Gestern sagte uns eine Dame an der Rezeption, daß es heute Meeresfrüchte-Buffet geben würde und wir freuten uns schon sehr auf Fisch. Aber das stimmte nicht. Der große Speisesaal war belegt für das Krimitheater und wir aßen in der Frühstückslounge. Es gab ein kleines Salatbuffet und warme Gerichte von der Karte.

Nach dem Essen traf die Freundin von Happy Feet, Donnatella, ein, die von ihrem Vater gebracht wurde. Während sie aßen, unterhielten wir  uns über unsere Erlebnisse bisher und ich musste erzählen, was eine Deutsche auf dem Trail macht.

Donnatella hat verschiedene Sprachen studiert, darunter auch die eines fast ausgestorbenen Indianerstammes und wartet auf eine Professorenstelle. Sie lebt zur Zeit an der Westküste der USA.

Ihr Vater ist studierter Geologe, der sich beruflich um die regionalen Flüsse und Wasserressourcen kümmert und sich sehr um die Umwelt sorgt.

Es war ein interessanter und lustiger Abend. Und ab morgen wandern wir zu dritt weiter.

Happy Feet hatte sie gebeten, ein Paar Wanderstöcke für mich mitzubringen und das hatte sie getan. Klasse!! Nun hatte ich endlich einen Stock. Am Nachmittag hatte es angefangen zu regnen und hörte noch nicht auf, als wir zu Bett gingen. Aber zuerst fingen wir noch stink bugs.

**26.04.2014**

Am Morgen war es trocken und die Sonne schien. Wir stärkten uns am sehr üppigen Frühstücksbuffet und gingen gegen 10 Uhr los.

Und ich nun endlich mit einem Wanderstock. Ich probierte es mit zwei Stöcken aus, konnte aber besser mit nur einem Stock gehen. Den zweiten nahm Donnatella und bat mich, ihr den anderen am Abend zu überlassen. Ich wusste zwar noch nicht warum, aber nachts benötigte ich den Stock nicht. Ich hatte ein Messer und Pfefferspray zur Verteidigung.

Es wurde sehr warm und Happy Feet wechselte unterwegs ihre Hose gegen eine dünne Sommerhose. Der heutige Abschnitt führte uns durch ein flaches Tal bis zum nächsten Berg, etwa 13 Meilen. Es gab keine Möglichkeit unterwegs zu zelten. Der nächste Shelter lag auf dem Berg, 14 Meilen entfernt. Wir hatten kaum Steigungen, dafür schöne grüne Wege über Felder, Wiesen und durch kleine, grüne Wälder. Irgendwann standen wir vor einem Wald und hörten sehr laute Schüsse, die sehr nah waren. Wir überlegten, ob dort gejagt würde. Da wir uns nicht auskannten und die Karte zeigte, dass wir durch den Wald gehen mussten, weil der Trail auf der anderen Seite des Waldes weiter verläuft, mussten wir hier durch.

Auf dem Trail darf nicht gejagt werden. Aber wir sahen unterwegs immer wieder Jagdreviere, durch orangefarbene Plastikbänder an Bäumen markiert, die bis an den Trail heranragten.

Damit uns niemand für wilde Tiere hielt, machten wir auf uns aufmerksam. Happy Feet blies in ihre Minimundharmonika, ich in meine Trillerpfeife und Donnatella sang: I´m not a bear, I´m not a deer... Wenn es nicht so unheimlich gewesen wäre, wäre es lustig gewesen. Die Schüsse wurden immer lauter und nach etwa einer Meile kamen wir der Sache auf den Grund. Es war eine Farm, wo etwa 15 Personen mit Gewehren standen und auf Zielscheiben schossen. Creepy Pennsylvania.

Wir überquerten Straßen, Schnellstraßen, einen Highway und trafen in einem Wald eine Gruppe, die wohl einen Motorsägekurs absolvierte. Sie alle trugen Stihl Kettensägen und die entsprechende Schutzkleidung.

Es war wirklich mal sehr angenehm, nicht bergauf und bergab zu gehen. Uns überholte ein Wanderer mit Hund. Er grüßte nur kurz im Vorbeigehen.

Im Guide stand, daß es nicht sicher sei, daß die Quelle am Shelter Wasser hat. Also füllten wir an einer Wasserstelle der PATC noch mal unsere Trinkflaschen.

Die letzte Meile bis zum Shelter mussten wir noch einen steilen Berg hinauf. Wir trafen eine junge Familie und fragten, ob sie wüssten, ob die Quelle am Shelter Wasser führt. Sie wussten es nicht, erzählten aber, daß auf halber Höhe des Berges, wo ein rostender Traktor stehen würde, ein Bach sei, aus dem wir uns Wasser nehmen könnten. Wir bedankten uns und gingen weiter. Unterwegs trafen wir auf eine schwarze Schlange, mit gelb-beigefarbenen Bauch, etwa 1 Meter lang. Wir erschraken uns und warteten, bis sich die Schlange in die Büsche schlängelte. Keiner von uns wusste, um was für eine Art es sich hier handelte. Die nächsten Hiker, die uns entgegen kamen, warnten wir vor der Schlange.

Es war sehr heiß heute und wir nahmen aus dem Bach auf halber Höhe am Berg Wasser in der Wasserblase mit, also noch einmal 4 Kilo extra Gewicht.

Kurz vor der Bergspitze war eine Bank in die Felsen gehauen. So konnten wir uns dort auf den „Thron" setzen und hatten einen tollen Blick über das gesamte Tal, das wir durchwandert waren. Wir haben heute eine Menge geschafft und dafür lobten wir uns. Und machten Fotos mit dem tollen Ausblick.

Am Darlington Shelter angekommen, mußten wir uns kurz ausruhen, bevor wir unsere Zelte und Donnatella ihr Tarp aufbaute.

Donnatella schlief tatsächlich ohne Zelt, nur unter einer Plane, die man in der Höhe variieren kann, je nach Windrichtung und Regen. Dafür benötigte sie die Wanderstöcke, um die Plane am Kopf- und Fußende aufzuhängen. Ihren Schlafsack legte sie auf eine Isolierfolie auf den Boden.

Mir wäre das zu offen und ungeschützt vor kleinen Tieren wie Ameisen, Käfern, Spinnen, Mäusen usw.

Der Shelter war gut besucht. Im Shelter waren drei Männer, der eine mit seinem Hund, der uns überholt hatte und zwei weitere, die bereits ein Lagerfeuer machten. Dann war noch eine Gruppe von 5-6 jungen Männern, die das Wochenende hier verbrachten und ihre Zelte etwas abseits aufgebaut hatten. Die blieben unter sich und machten ein eigenes Feuer. Später kam eine weitere kleine Gruppe junger Menschen, die in der kommenden Nacht Party machten.

Happy Feet ging zur Quelle und holte Wasser. Es gab also doch welches hier.

Das Privy hier heißt „Taj Mahal". Es ist etwa 3 mal 3 Meter groß ist, wirkt riesig und hat zwei Toilettensitze nebeneinander. Zwischen den Sitzen war ein Schachbrett aufgemalt. Für eine längere Sitzung vermutlich. An der Tür hing ein Hinweiszettel. Dieses Privy wird auch kompostiert und deswegen sollte niemand Pipi darauf machen, bedeutet: alle gehen zum Pipi machen in den Wald. Ist das im Sinne des Naturschutzes? Wird nicht dadurch der Boden um den Shelter herum immer saurer? Ich fand das unlogisch. Einige kompostieren mit, andere ohne Pipi. Wo war da der Sinn?

Wir gingen zu den drei Männern im Shelter am Lagerfeuer, brachten Feuerholz mit und machten uns etwas zu essen.

Happy Feet fand unter einem Bett eine Flasche Jim Beam mit Inhalt. Es war eine hikerfreundliche Flasche, aus Plastik. Sie angelte sie hervor und schnupperte daran. Sie meinte es riecht nicht nach Pipi, es roch nach Alkohol. Ich roch auch daran und es war tatsächlich Alkohol. Happy Feet und ich nahmen jeder einen Schluck. Weil keiner sonst etwas wollte, trank Happy Feet den Rest aus.

Wir quatschten noch eine Weile mit den Hikern. Der Hiker mit dem Hund hatte sich schon ins Zelt zurück gezogen. Der andere erzählte, dass er mit dem Sohn seines Freundes unterwegs sei, da sein Freund erkrankt war. Ihm fiel mein Dialekt auf und fragte, ob ich aus Florida sei. Das wurde ich schon einige Male gefragt. Ich sagte, dass ich aus Deutschland sei. Das freute ihn sehr, denn er hatte Verwandte in Deutschland, in der Nähe von Nürnberg, und lernte nun deutsch. Ich bot ihm an, auf deutsch zu sprechen, und er sprach einige Sätze. Das fand ich witzig. Er berichtete von seinem Deutschlandbesuch im letzten Jahr, als er seine Verwandten zum ersten Mal besuchte und was er alles gesehen hatte.

Die drei wollten am nächsten Tag den Weg gehen, den wir heute geschafft hatten. Sie waren nur für eine Woche auf dem Trail.

Natürlich musste ich auch erklären, was eine Deutsche auf dem Appalachian Trail macht. Wenn ich dann von der Dokumentation berichte, müssen alle immer sehr lachen. Ich kann mittlerweile mitlachen.

Mit Hikermidnight gingen wir zu Bett. Wir waren alle ziemlich platt.

Ich hörte in der Nacht die jungen Partygäste, es störte mich aber nicht, da wir ziemlich weit weg von denen schliefen.

## 27.04.2014

Es war eine kühle Nacht. Donnatella hatte auch gut geschlafen unter ihrem Tarp und wurde nicht von wilden Tieren angeknabbert. Wir beschlossen heute bis zum Cove Mountain Shelter zu gehen, das sind 8 Meilen. Das Wasser, das ich aus dem Fluß mitgenommen hatte, schmeckte nicht so gut und obwohl ich das Wasser gefiltert hatte, sah ich am Flaschenboden Sediment. Ich trank nicht viel davon und wollte es bei der nächsten Wasserstelle wechseln. Schon witzig, dass ich nach drei Wochen wählerisch geworden bin, was das Wasser betrifft.

Der Weg war heute nicht so felsig und steinig. Dafür waren die Ansteigungen recht steil. Meine Knie brannten etwas und an der Hüfte drückte wie immer der Hüftgurt des Rucksackes. Obwohl ich mir meine Fleecejacke immer um die Hüften wickelte, um die Stelle mehr zu polstern, bekam ich ständig einen blauen Fleck. Es lag vermutlich an meinen Hüftknochen und dem weniger werdenden Polster.

Die Sonne schien heute wieder kräftig und es wurde sehr warm.

Gegen Mittag machten wir Pause an einer Quelle und ich tauschte mein Wasser aus. Donnatella gab uns etwas von ihrem Trockenfisch ab. Der schmeckte auch gut. Sie hatte eine Menge Essen gekauft, das meiste war gefriergetrocknet. Wir tauschten uns viel über unsere Ausrüstung aus. Sie fand meinen Rucksack toll, aber zu schwer. Sie hatte einen Ultraleichtgewicht-Rucksack, einen Ultraleichtgewicht-Schlafsack, eine gefaltete Isomatte, einen kleinen Alkoholkocher mit kleinem Kochtopf, einmal Wechselkleidung, einen Ultraleichtponcho, zwei leichte Wasserblasen und das dehydrierte Essen. Insgesamt kam sie auf etwa 6-8 Kilogramm. Somit wunderte es mich nicht, daß sie flinker als wir die Berge hinauf- und hinunter gehen konnte.

Der Weg zum Shelter ging mal wieder steil bergab und den Weg mussten wir am nächsten Morgen wieder hoch! Wir hassten dafür die ATC. Der Shelter war in einen Hang gebaut und der Boden viel zu steinig. Es gab direkt am Shelter keine Möglichkeit, zu zelten. Also suchten wir uns eine Stelle am Weg. Dort war es eben und nicht steinig. Es war wohl die fire road[15], wo wir zelteten. Andere Hiker vor uns hatten hier auch schon gezeltet, was wir an den plattgelegenen Blätterhaufen gut erkennen konnten. Und eine Feuerstelle gab es hier auch, also blieben wir hier.

Ich fand heute die ersten Zecken auf mir. Eine saß auf meinem Pullover, als ich Feuerholz suchte und später saß eine an meinem Zelt auf dem Moskitonetz. Happy Feet hasst Zecken, da sie bereits als Kind zwei mal an Lyme desease – Borreliose- erkrankt ist. Ihre Mutter hatte auch Borrelliose. Somit wollte sie entweder die Zecken an einer Kette auffädeln und sich um den Hals binden zur Abschreckung gegen die anderen Gefährten. Eine andere Möglichkeit war, sie zu verbrennen, was sie dann auch tat.

Am Nachmittag schrieb ich meinem Mann mit, wo wir waren und dass ich vermutlich Ende Mai aussteigen würde.

Mir war gedanklich mittlerweile schon klar geworden, dass ich es in diesem Tempo mit dieser Ausrüstung und ohne meinen Partner nicht bis zum Ende Juli oder August bis zum Mount Katahdin in Maine schaffen würde. Und das fand ich nun auch nicht mehr schade, ich war nicht enttäuscht von mir. Ich habe es versucht und herausgefunden, wie es geht und daß es geht.

Ich habe Happy Feet kennen gelernt und das ist eine große Bereicherung in meinem Leben. Und ich war hier. Das war es, was für mich zählte. Ich musste immerzu daran denken, was mich River gefragt hatte. Was hast Du bisher nur für Dich getan? Hast Du Dir einen großen Wunsch erfüllt?

---

[15] Rettungsweg und Löschweg

Der Trail ist seit 5 Jahren mein Traum. Ich habe fünf Jahre daraufhin gearbeitet und gespart. Mir war klar, dass es nicht leicht sondern eine körperliche Herausforderung werden wird. Daß es auch Momente geben wird, wo du nur nach Hause möchtest. Aber an solchen Tagen darfst du den Trail nicht verlassen. Ich wollte meinen Traum nicht wegwerfen, ich wollte alles dafür tun und ihn genießen. Das Erlebnis, das Hiersein kann mir keiner mehr nehmen.

Und River sagte, wenn Du 50 Meilen schaffst, ist das mehr als jeder Amerikaner im Durchschnitt in seinem Leben zu Fuß geht!

Damit hatte er Recht. Ich war hier und genoß jede Meile und war sehr Stolz auf mich. Ich hatte über 100 Meilen schon auf dem Trail zurück gelegt. Wer kann das von sich berichten?

Die netten und interessanten Menschen, denen wir bisher begegnet sind, sind eine tolle Erfahrung.

River rief immer noch regelmäßig bei Happy Feet an und erkundigte sich nach uns, wo wir sind und wie es uns ginge. Er freute sich mit uns, dass wir vorankamen und weitergingen. River war ein bischen wie ein Vater.

Am Abend machten wir wieder ein schönes Feuer. Ich aß heute Kartoffelpüree mit Beef Jerky Trockenfleisch. Ich hatte meine Tüte schon so lange geschleppt und noch gar nicht angebrochen. Happy Feet machte sich Röstbrot mit Salami und Käse. Und Donnatella bereitete sich eine Art Chilli zurecht mit Tortillas.

Hier gab es keinen Futterbeutelbaum weit und breit. Deswegen suchte ich uns wieder einen kräftigen Ast, wo ich eine Schnur für unsere Beutel hinaufwarf, um unser Essen in etwa 3 Meter Höhe vor Bären zu schützen.

Morgen wollten wir bis Duncannon gehen. Happy Feets Augen leuchteten immer bei dem Namen. Und wir mussten wieder einkaufen.

Ich war schon sehr gespannt auf diesen Ort direkt am Susquehanna River.

# Duncannon wir kommen

28.04.2014

Nach einer weiteren kühlen Nacht und ohne Störungen machten wir uns auf den Weg nach Duncannon. Der Aufstieg zum Trail am Morgen war wie ein workout.

Happy Feet erzählte, dass sie mit ihrer Mutter vor Jahren hier gewandert sei und in Duncannon im Doyle Hotel Rast gemacht haben. Damals wurde das Hotel von einer Frau mit langen Haaren geführt, eine Art Althippie. Diese Frau hatte eine besondere Ausstrahlung. Sie begrüßte die Hiker mit: Hiker Trash! Happy Feet und ihre Mutter bestellten etwas zu trinken. Sie bekamen jeder einen Becher kühles Wasser. Erst als sie das Wasser ausgetrunken hatten, bekamen sie ihre Bestellung. Die Barfrau war der Ansicht, dass Hiker dehydriert sind und um sich zu aklimatisieren, gibt es erst einmal einen Becher Wasser. Im Anschluß bekamen sie ihre Bestellung. Das beeindruckte Happy Feet damals sehr. Außerdem verbindet sie mit dem Ort Erinnerungen an ihre verstorbene Mutter.

Happy Feet wollte gern dort übernachten. Der Guide schrieb, dass das Doyle nun ein Hostel und die Preise sehr günstig sind. Nach Duncannon waren es 4 Meilen.

Unterwegs kamen wir wieder über eine Stromlinie/ Versorgungspipeline, die über den Berg führte. Das sah aus, als wäre in den Berg oder Wald  eine Schneise geschnitten worden. Von dort hatten wir einen tollen Blick auf den Susquehanna River. Happy Feet schlug vor, nicht den Trail weiter zu gehen, sondern auf Skateboards den Hang hinunter zu rutschen. Dann wären wir ganz schnell in Duncannon. Wir waren alle dafür, hatten nur leider keine Boards.

Unterwegs erzählte uns Donnatella, die verschiedene Sprachen studiert hat, etwas über eine sehr außergewöhnliche Theorie, warum viele sehr gute Läufer Schwarzafrikaner sind. Das wollten wir gar nicht glauben, es klang so schmerzhaft.

Donnatella hat u. a. eine seltene Sprache eines Indianerstammes studiert und hat in Panama in einer Schule zwei Jahre lang Englisch unterrichtet. Das klang total interessant.

Wir kamen kurz vor dem Abstieg an einen Vista Point, einen Aussichtspunkt. Von dort hatten wir einen supertollen Ausblick auf den gegenüberliegenden Berg und Duncannon. Einfach schön. Das genossen wir einige Augenblicke lang. Auf einem Felsen am Aussichtspunkt hatten sich schon Sprayer verewigt. Machen die vor gar nichts halt??

Wir trafen ein Pärchen mit Hund, die als Spaziergang auf den Berg gingen. Wir kamen ins Gespräch und die Frau gab uns ihre Handynummer, falls wir in Duncannon einen Shuttlerservice benötigen würden. Wie nett. Da stehst du auf einem Berg und triffst fremde Menschen, die dir ihre Hilfe anbieten. Wo gibt es so etwas? Nur auf dem Trail.

Der Abstieg nach Duncannon war nicht ungefährlich. Wir mussten über einen felsigen Steinhang klettern, wo die Steine lose im Hang lagen. Es sah aus wie nach einem Erdrutsch. Teilweise wackelten sie ziemlich, wenn wir darauf traten. Und der Hang war sehr steil. Wir waren sehr froh, als wir den Hang geschafft und so etwas wie einen Weg unter unseren Füßen hatten.

Unterwegs kamen wir an einem Holzkreuz vorbei, auf dem die Namen eines 18- und 19 jährigen und das Datum vom Oktober letzten Jahres standen. Wir vermuteten, daß die beiden hier gestorben sind.

Wir sahen auf dem gesamten Trail immer wieder Kreuze oder Gedenksteine.

Kurz vor Duncannon führte uns der Trail wieder einen Hang hinauf, was wir sehr seltsam fanden und wir uns bei der ATC lauthals bedankten. Ich machte hier ein Video von dem letzten Abstieg.

In Duncannon kamen wir zuerst an einer Tankstelle vorbei. Dort gingen wir erst einmal auf die Toilette (mit Wasserspülung), Hände waschen und etwas zu essen und trinken kaufen. Ich kaufte mir zum Lunch eine Tüte Chips, ein Eis und eine Flasche Zitronenbrause. Das war nicht gesund, aber entsprach meinen Bedürfnissen und es war lecker. Die beiden anderen kauften auch so ein Quatsch.

Dann konnten wir gestärkt weiter ziehen. Bis zum Doyle Hotel war es nicht mehr weit. Es liegt in der Hauptstraße, parallel zum Susquehanna River .

Dort angekommen wurden wir von einer Frau mit langen Zöpfen begrüßt: Hiker Trash!! Genauso wie Happy Feet es erzählte. Wir durften die Rucksäcke in einem Nebenraum oder im Flur abstellen und dann gab es erst einmal etwas zu trinken. Kühles Wasser aufs Haus.

Das Paar, das das Doyle führt, stellte sich als Pat und Vickey vor. Pat ist für die Küche und Bar, Vickey für die Bar und Zimmer zuständig. Wir stellten uns auch vor, erzählten woher wir kamen, tranken unser Wasser und hörten zu.

Das Doyle ist anno 1905 und ist ziemlich renovierungsbedürftig. Pat und Vickey besitzen das Hotel seit etwa 30 Jahren und verdienen keine Reichtümer. Alles Geld, was über ist, stecken sie in die Bar. Ist eigentlich praktisch, ein Hotel mit Bar und Küche. Und es hatte Charme.

Wir bekamen ein Doppelzimmer mit zwei sehr großen Betten. Happy Feet und Donnatella wollten sich ein Bett teilen. Das Zimmer war sehr spatanisch eingerichtet, kein Komfort. Nur die Betten, zwei Stühle mit Tisch und Strom. Wir duschten erst einmal, was sich auch ein wenig abenteuerlich darstellte. Die Duschwanne war gerissen, die Decke war teilweise geöffnet, weil wohl mal Strom- oder Wasserleitungen freigelegt wurden. Der Fußboden sah auch nicht vertrauenserweckend aus. Happy Feet erzählte uns, sie hatte immer Angst, dass sie auf der Toilette sitzend im Boden einkrachen und in der Bar landen würde. Mir ging es so in der Dusche. Ich malte mir aus, dass ich grade eingeseift mit der Dusche in der Küche landen würde. Schon komisch, was wir uns so ausmalten. Das gesamte Haus war in einem desolaten, aber liebevollen Zustand.

Aber es war sauber und günstig, warm und trocken.

Frühstück gab es nicht im Haus, da Pat und Vickey erst gegen 10 Uhr ihr Hotel öffnen. Das Hotel können Gäste mit einem Schlüssel über eine Außentreppe verlassen und betreten.

Außer uns waren noch weitere Hiker im Hotel. Da waren Salt und Heintz mit ihrem Hund Gaitor. Sie gehen auch nordwärts.

Dann war ein Hiker, der so stark nuschelte, dass man ihn kaum verstand.

Ein weiterer Hiker ist vor Wochen im Hotel gestrandet und nahm sich eine Auszeit vom Trail. Nun wohnte er dort und fand sogar Arbeit im Supermarkt.

Apropos Supermarkt. Wenn Hiker im Hotel sind, die einkaufen müssen, kommt um 16 h ein Mitarbeiter des Supermarktes vorbei, nimmt die Hiker mit zum Markt und fährt sie dann wieder zurück zum Doyle. Das ganze während seiner Arbeitszeit. Das ist gute Werbung und bringt Kunden. Wir wurden um punkt 16 h abgeholt und zum Supermarkt gefahren. Der Supermarkt war riesig und ich musste mich erst einmal orientieren, was ich brauchte. Ich glaubte, dass ich zuviel gekauft hatte. Aber Happy Feet und Donnatella hatten mehr Tüten als ich.

Den Abend verbrachten wir in der Bar. Pat machte uns fabelhaftes Essen. Ich hatte ein Chili con Carne mit hauseigenen Pommes Frites. Sehr delikat und scharf. Salt hatte auch das Chili bestellt und lobte mich, dass ich die Schärfe gegessen hätte. Wir saßen dort noch lange und Happy Feet fragte Vickey nach den Gästebüchern. Sie erzählte, dass sie vor etwa 17-18 Jahren mit ihrer Mutter hier gewesen ist. Leider reichen die Logbücher nur bis 2001 zurück.

Wir fragten nach dem Abstieg, warum dieser vor Duncannon wieder bergauf führte. Vickey erklärte uns, daß der alte Weg direkt an einigen Häusern mit Vorgärten vorbeiführte und einige hungrige Hiker das frische Obst und Tomaten aus dem Garten stehlten. Daraufhin beschwerten sich die Anwohner und der Trail wurde auf den letzten 1000 Metern über den Berg umgelegt.

Das Holzkreuz auf dem Berg konnte sie uns nicht erklären.

Salt und Heintz erzählten, dass sie ihren Hund aus einem Tierheim in Front Royal geholt hätten und er deswegen noch sehr schüchtern und scheu wäre. Sie wollten wie wir auch einen Zero einlegen, da es am morgen viel regnen sollte und der Trail hinter Duncannon bei Regen zu gefährlich sei.

Am Abend fing es an zu regnen und stürmen. Der Himmel färbte sich rosa, die Farbenpracht war der Wahnsinn. Aber der unglaubliche Sturm blieb aus. Dafür regnete es die ganze Nacht.

Im Hostel fanden wir eine Box mit Klamotten, eine Hikerbox mit allerlei und Bücher. Hier fanden wir jeder ein Buch, womit wir uns die Zeit vertreiben konnten.

In der Nacht brannte im Gang vor unserem Zimmer das Licht und es ließ sich nicht ausschalten. Da über unserer Zimmertür eine Glasscheibe war, schien das Licht direkt ins Zimmer. In der ersten Nacht versuchte ich das Licht zu mindern, in dem ich ein T-Shirt über der Tür befestigte. Das hielt nur eine halbe Nacht.

**29.04.2014**

Nach einer warmen Dusche am Morgen gingen wir in die Frühstücksbar gegenüber des Doyle. Hiker sind hier herzlich willkommen!

Wir bestellten uns viel zu essen. Ich aß am liebsten Pfannkuchen mit Blaubeeren und Ahornsirup. Echten Ahornsirup. Mittlerweile wird der Ahornsirup mit Maissirup gestreckt. Der ist billiger in der Herstellung.

Über die Zusätze in Lebensmitteln und das Strecken von Sirup usw. war immer wieder ein Thema unter uns. Seit einiger Zeit wird selbst Coca Cola nicht mehr mit Zucker oder Glukosesirup sondern mit Maissirup hergestellt. Es gab keinen großen Aufschrei in der amerikanischen Bevölkerung, weil es viele gar nicht bemerkten.

Happy Feet und Donnatella aßen Omelette mit Gemüse und Käse und Rührreier mit Bratkartoffeln. Und es gab Kaffee satt.

Fotos an der Wand verrieten, dass hier andere Hiker Wettessen veranstaltet haben. Wer isst die meisten Pfannkuchen? Der Rekord lag wohl bei 9 Pfannkuchen. Ich schaffte einen und etwas Toast. Den zweiten bekam ich in einem Plastikbeutel mit. Das passte mir gut, da ich mir gestern ein Glas Apfelmus gekauft hatte. Ich hatte großen Appetit auf Pfannkuchen mit Apfelmus und erklärte Happy Feet und Donnatella, daß das ein typisch deutsches Gericht und bei Kindern sehr beliebt sei. In dem Frühstücksdiner gab es eine kleine Ecke, wo sich Hiker mit diversen Artikeln eindecken konnten. Tütensuppen, Ponchos, Zahncreme und Bürsten, Regenponchos, einzelne Rollen Toilettenpapier, Pflaster und einige Medikamente. Nachdem wir dort gestöbert hatten, wurden wir von der freundlichen Bedienung gefragt, ob uns etwas fehlen würde. Wenn wir länger hier wären, würde sie versuchen, es für uns zu besorgen. Welch ein nettes Angebot. Happy Feet suchte in der Tat nach dünneren Wollsocken, die wir aber nicht fanden. Die Bedienung notierte sich das und vertröstete uns auf morgen. Sie wollte sehen, was sie tun könne.

Angenehm satt gingen wir zum Hotel zurück. Es regnete und regnete. Die Berge hüllten sich in dichten Nebel. Wir verbrachten den Tag im Zimmer, lasen in unseren Büchern, surften im internet und schrieben in unseren blogs.

Als Pat und Vickey die Bar öffneten, konnten wir deren Computer benutzen. Ich versuchte über eine Stunde lang, mein Handyguthaben aufzuladen. Aber es klappte nicht. Meine Handyaufladung dauerte bis zum 02.05. Und da der 1. Mai ein Feiertag und danach Wochenende sei, wollte ich das gerne vorher erledigt haben. Zum Schluß bat ich meinem Mann das für mich zu erledigen. Ich bekam weder an dem noch am nächsten Tag eine Bestätigung des Anbieters, daß die Aufladung in Arbeit sei, vertraute aber darauf.

Einige Häuser neben dem Doyle war ein Waschsalon, wo wir unsere schmutzigen Sachen wuschen.

Duncannon ist ein hübscher langgezogener Ort, direkt am Susquehanna River gelegen. Leider stehen die meisten der Häuser am Ortseingang leer, was einen traurigen ersten Eindruck hinterlässt. Zwischen dem Fluß und den Häusern liegt die etwas höher gelegene Bahntrasse. Sie wirkt ein wenig wie ein Damm. Vickey erzählte uns von der Stadtchronik. Der Ort wurde mehrmals durch Hochwasser überschwemmt. Wenn es stark regnet, dann steigt der Susquehanna schnell an und tritt über die Ufergrenze. Am anderen Ortsende ist eine Unterführung, wo sich oft viel Regenwasser sammelt und ein Durchwandern unmöglich macht. Du musst den Fluss aber einmal überqueren, um auf dem Trail weiter zu gehen.

Leider haben die Stadtgründer keinen Deich gebaut. Der Bahndamm diente oftmals wie ein Deich. Allerdings nur bedingt, da der Wasserpegel auch mal höher stieg, als der Bahndamm.

Das Doyle stand zum letzten Mal 1972 unter Wasser, als es schon in deren Besitz war. Das Wasser stand in der Bar etwa 2 Meter hoch. Wir konnten uns das Elend auf Bildern ansehen. Leider ist das Hotel nun total marode und benötigt eine Renovierung, die etwa 2 Mio. US-Dollar kosten würde. Utopisch. Dennoch hat es einen gewissen Reiz, natürlich durch Vickey und Pat.

River meldete sich heute, ob wir in Sicherheit vor dem Wetter wären. Chef und er würden in einem Shelter sitzen, etwa 40-50 Meilen von uns entfernt und würden wegen des Sturms und Regens ziemlich frieren. Er riet uns, den nächsten Tag in Duncannon zu bleiben. Happy Feet riet den beiden, einen Shuttlefahrer zu rufen, um ins Warme zu kommen. Happy Feet nannte ihm einige Nummern und besorgte über Vickey und Pat noch eine Telefonnummer. Wir malten uns aus, wie kalt es bei den beiden sei. Immerhin kam das von einem Hiker, der im Februar bei Schnee auf dem Appalachian Trail gestartet ist. Dann musste es sehr kalt und nass sein.

Wir warteten auf eine Antwort von River, aber es kam nichts mehr. Wir verbrachten den Abend wieder in der Bar. Wo sonst.

Der Wetterkanal machte uns wenig Hoffnung. Es zog ein Sturmtief vom Wasser über die Ostküste und es wurde gewarnt vor Sturm und Überschwemmungen.

Wir entschieden, bei den Wetteraussichten noch einen weiteren Tag im Doyle zu bleiben.

Hinter dem Doyle Hotel liegt die örtliche Feuerwehr und die hat eine sehr große Sirene auf dem Dach. In der letzten Nacht wurden wir einmal geweckt, weil sie einmal Alarm gab. War vermutlich eine einmalige Sache.

Am Abend befestigte ich ein Handtuch über der Tür mit einer Pinnwandnadel. Und es hielt!

**30.04.2014**

Es gab wieder Alarm in der Nacht. Mann ist der laut.

Nach dem tollen Frühstück im Diner gegenüber kam die Bedienung zu uns an den Tisch und gab Happy Feet zwei Paar Strümpfe. Sie hatte daran gedacht. Das eine Paar war ein Paar Sportsocken, das andere ein Paar Wollsocken. Sie wollte noch nicht einmal Geld dafür haben. Happy Feet war happy, bedankte sich und meinte, sie wollte es damit versuchen.

Den Tag verbrachten wir mit ausruhen, lesen, schreiben und diskutieren.

Vickey erzählte, daß es Unterschiede bei den Hikern gibt.

Die Sobo- Hiker, die südwärts wandern, wären meist sehr reserviert und wortkarg und würden sich nicht so gerne Tips von anderen Hikern anhören. Sie würden nicht so viel von sich und ihrem bisherigen Weg erzählen. Ganz anders die Nobo- Hiker, die nordwärts wandern. Sie sind aufgeschlosssener, witzig und sehr interessiert an anderen Hikern und wissbegierig nach Tips.

Vickey und andere Hiker bestätigten, dass der Trail immer beliebter wird und die Regel „leave no trace" von einigen nicht eingehalten wird. Du sollst bei deiner Wanderung keine Spuren hinterlassen und dazu gehört auch, den Müll mitzunehmen. Wir fanden immer wieder Müll auf dem Weg, insbesondere in den Sheltern. Viele machen es sich besonders leicht und verbrennen ihren Müll im Lagerfeuer. Allerdings ist das Verbrennen von Plastikverpackungen nicht gerade umweltfreundlich. Wer ein Bedürfnis der Entsorgung hat, soll im Wald ein Loch buddeln und dort sein Bedürfnis verschwinden lassen. Das befolgen auch nicht alle und so finden wir oft direkt neben dem Weg hinter dem ersten Baum nicht verbuddeltes und benutztes Toilettenpapier. Unfaßbar. Zu bequem, um 20 Meter in den Wald zu gehen.

Es gibt aber auch die extremen Naturschützer, die sich wünschen, dass die Hiker ihre Spitzen des Wanderstockes mit Gummistoppen überziehen, um die Steine und Felsen nicht zu zerkratzen.

Damit ich keinen Hotelkoller bekomme, ging ich eine Runde durch Duncannon spazieren und schaute mir das Städtchen etwas an. Die Häuser mit ihren kleinen Vorgärten waren hübsch und sehr gepflegt. Dennoch konnte man den Leerstand sehen. Das lag daran, dass es in der Umgebung nicht so viele Arbeitsplätze gibt und viele deswegen weggezogen sind.

Am Nachmittag wuschen wir die Klamotten aus der Hikerbox, da sich viele daraus bedienten oder Sachen hinterließen, die nicht immer sauber waren. Wir hatten Zeit und wollten etwas Gutes tun für Pat und Vickey.

Der Wetterkanal verriet, dass das Wetter morgen besser werden sollte, Sonne und keinen Regen. Also konnten wir morgen weiter gehen. Donnatella wurde auch schon unruhig, wobei Happy Feet gern noch eine Woche geblieben wäre. Für sie hatte der Ort etwas melancholisches, sie verbindet den Ort mit vielen Erinnerungen an ihre verstorbene Mutter.

Am Nachmittag gratulierte ich, dank meines Mobilfons, meiner Schwiegermutter zum Geburtstag. Sie war sehr überrascht und erfreut, daß wir so telefonieren konnten.

Das bin ich auch jeden Tag, erfreut und dankbar, was die heutige Technik alles möglich macht.

Gestern und heute tauchte in der Bar ein Typ namens „Dakota Joe" auf, der erzählte, dass man ihm im Shelter seine Schuhe, seine Vorräte und Kocher geklaut hätte. Nun erwartete er eine Lieferung ins Hotel nach Absprache mit Pat und Vickey. Er selbst übernachtete auf dem Campingplatz. Wir erkannten ihn anhand seiner Tattoos am Hals wieder. Das war der schräge Hiker, den wir in Boiling Springs mit der Kühltasche am Rucksack sahen. Seinen Namen hatten wir schon in einigen Logbüchern gelesen. Und wir fanden ihn komisch.

Wer klaut jemandem auf dem Trail die Schuhe? Kocher und Vorräte sind schlimm genug, aber die Schuhe? Das fanden wir alle im Hostel sehr eigenartig.

In der nächsten Nacht ging natürlich wieder der Alarm.

## 1. Mai in Duncannon

**01.05.2014**

Leider müssen wir heute Abschied nehmen von Pat und Vickey. Wir alle haben sie sehr in unsere Herzen geschlossen. Das Hotel hat so ein tolles Flair durch die beiden lieben Menschen. Wir fühlten uns hier sehr wohl. Salt und Heintz gingen heute auch weiter. Das Frühstück ließen wir ausfallen und holten uns beim Minimarkt einen Kaffee und Kuchen.

Der Trail führte uns durch die Parallelstraße der Hauptstraße. In dieser Straße zählten wir 9 Kirchen!! Welch ein Wahnsinn. Ob die alle auch besucht werden?

Nach etwa 1 Meile kamen wir zu der Unterführung, von der uns Vickey erzählte. Anhand der Wasserränder konnten wir erkennen, wie hoch das Wasser vor ein- zwei Tagen hier stand: etwa 1 Meter hoch.

Hinter der Unterführung kamen wir über die erste Brücke eines Seitenarmes des Susquehanna und dann auf die große Brücke über den Susquehanna River. Von hier hatten wir einen tollen Ausblick auf die Berge, die wir überstiegen sind und den wir vor uns haben. Bis zum Shelter waren es 4 Meilen. Wir wollten sehen, wie weit wir es heute schaffen würden.

Der Aufstieg war ein schmaler Weg, matschig und aufgeweicht und zur Straße hin nicht gesichert. Wie überall. Es gab nirgendwo Sicherungen am Hang. Nach dem Aufstieg glichen die Wege Bächen. Überall stand und floss das Wasser. Es wäre total leichtsinnig gewesen, wenn wir bei Regen weiter gegangen wären. Die Steine sind dann glitschig und den Hang wären wir nicht hoch gekommen.

Donnatella war wie immer vor uns und flog fast über den Berg. Oben angekommen setzte sie sich auf einen Stein und wartete auf uns.

Von hier hatten wir einen tollen Ausblick über die Berge, das Tal, Duncannon und den Fluß, der in einem Bogen um den Berg herumzog. Donnatella kämmte sich mit ihren Fingern ihre Haare und ich hatte das Bild der Loreley am Rhein vor Augen. So ähnlich muss damals die Sage entstanden sein...

Wir kamen bis zum Clarks Ferry Shelter. Der nächste Shelter wäre noch 7 Meilen weiter. Das würden wir vermutlich bis zum Einbruch der Dunkelheit schaffen, aber wir waren uns nicht sicher. Wir wissen immer nicht, wie die Wege sind. Wir können anhand des AT-Guides zwar erkennen, wie hoch die Höhenunterschiede sind und wie viel Spitzen und Tiefen es sind. Das sagt dennoch wenig über den Weg. Also blieben wir hier. Es kam ein junger Hiker vorbei, der allein unterwegs war und bis zum nächsten Shelter weitergehen wollte. Wir unterhielten uns eine Weile und fanden in der Bärenbox noch etwas zu essen, das wir aufteilten.

Wir bauten wieder unsere Zelte unweit des Shelters auf. Hier war der Boden schon gut getrocknet.

Und wir machten am Abend ein Lagerfeuer. Happy Feet schwärmte noch von „meinem„ Feuer im Pine Grove Furnace Park, daß sogar Studenten anlockte. Wir rösteten wieder Pizzatillas und machten uns eine Tasse Tee. Ich hatte zwei Teebeutel von einer Imbiss-Tankstelle mitgenommen und der wurde nun getrunken.

Im Privy hatte ein Hiker des Peters Mountain Hiking Club eine Nachricht an die Wand geschrieben. Wir sollten keine Lebensmittel im Shelter für andere Hiker hinterlassen, da hier ein Bär unterwegs sei.

Wir hofften, daß der Bär heute nicht unterwegs sei.

In der Dunkelheit hatten wir einen wahnsinnigen Ausblick mit vielen Lichtern, nach links Richtung Harrisburg, nach rechts Richtung Duncannon.

## 02.05.2014

Die Nacht war milder als sonst. Bei Sonnenschein starteten wir und wollten heute bis zum nächsten Shelter gehen. Happy Feet hatte für das Wochenende eine Verabredung mit einer weiteren ehemaligen Schulfreundin vereinbart. Sie wollte mit uns das Wochenende verbringen und wandern.

Am Nachmittag trafen wir am Peters Mountain Shelter ein. Ein sehr schöner und neu angelegter Shelter mit großzügiger Hütte, darin stand ein Picknicktisch und hatte einen Vorhang gegen Sonne und Wind. Salt und Heintz hatten hier übernachtet und waren schon weiter.

Hinter der Hütte stand eine Bärenbox, worin Hiker ihre Beutel einschließen können. Manchmal gibt es keine Futterbäume, sondern Futterboxen. Und in der Box lag tatsächlich Müll. Wir verstanden nicht, wieso die Leute ihre Sachen hierher tragen und den Müll nicht mitnehmen können. Den Müll nahm Donnatella an sich.

Sie hatte es sich zur Aufgabe gemacht, Müll auf dem Trail einzusammeln. So hatte sie schon eine halb gefüllte Plastiktüte aus dem Wald und einen zerissenen Duschvorhang in der Hand. Der Duschvorhang diente wohl jemandem als Regenschutz.

Wir überlegten hier zu bleiben oder bis zur nächsten Quelle weiter zu gehen. Das wären weitere 6 Meilen und wir wären etwa 1 Meile vom morgigen Treffpunkt entfernt. Bedeutet, wir könnten ausschlafen und uns in Ruhe fertig machen. Wir beschlossen, nach einer Pause weiter zu gehen. Der Weg sollte nur noch eben bzw bergab gehen. Und so war es dann auch.

An einem Aussichtspunkt trafen wir auf einen älteren Herrn. Auch er hatte einen ultraleichten Rucksack, ähnlich wie Donnatella, und sonst anscheinend wenig Gepäck dabei. Wir unterhielten uns kurz und dann ging er mit schnellen Schritten weiter.

Etwa eine Meile vor der Quelle hatte es sich ein Hiker an einem Campsite gemütlich gemacht. Da für uns dort kein Platz blieb, gingen wir weiter. Ziemlich müde und geschafft kamen wir an der Quelle an. Hier bauten wir nur noch unsere Zelte und Donnatella ihr Tarp auf, holten frisches Wasser, machten uns ein Feuer und etwas zu essen.

Mit Einbruch der Dunkelheit fielen wir hundemüde in unsere Betten. Ich hatte heute noch Kontakt zu meinem Mann und hoffte, daß die Aufladung funktionierte.

Ich hörte, wie sich Donnatella noch einen Tee machte, ihr Geschirr abwusch, sich die Zähne putzte und dann zu ihrem Tarp ging. Dafür nutzte sie ihre Kopfleuchte. Dann hörte ich, wie sie fragte, ob es fror. Ich verstand nicht gleich. Dann erklärte sie, sie hatte mit ihrer Lampe unter ihr Tarp geleuchtet und sah ganz viele helle glänzende Punkte. Aber es waren „nur" Spinnen. Unzählig viele Spinnen, in deren Augen das Licht reflektierte. Und die saßen alle auf ihrem Schlafsack. Sie verscheuchte die Spinnen und legte sich dann schlafen.

Genau so würde ich nicht schlafen wollen. Ich hätte kein Auge zubekomen. Donnatella störte das offenbar gar nicht. Sie war fasziniert von der Farbenpracht der Spinnenaugen und der Reflektion.

Dann wurde es ruhig und ich schlief ziemlich schnell ein.

## 03.05.2014

Es war wieder eine milde Nacht, jedoch etwas feucht wegen der Nähe zur Quelle. Wir schliefen lange, ruhten uns aus und packten in Ruhe unsere Sachen. Wir wollten uns erst gegen Mittag mit der anderen Freundin treffen. Zum Treffpunkt auf einem Parkplatz an der Straße war es nicht weit. Und so hatten wir noch Zeit, um uns einen Kaffee aus einem in der Nähe gelegenen Ort zu besorgen. Happy Feet wünschte sich eine Rolle Toilettenpapier. Auf diesem Parkplatz stand das Auto von Donnatella, das sie dort abgestellt hatte, um wieder nach Hause fahren können. Sie packte ihren gesammelten Müll in den Kofferraum und so fuhren Donnatella und ich los und Happy Feet wartete dort auf die andere Freundin.

Wir brauchten gar nicht bis zum nächsten Ort in 8-10 Meilen Entfernung fahren, da wir auf halben Weg an einem Minimarkt vorbei kamen. Dort konnte Donnatella den ganzen Müll entsorgen. Wir kauften Kaffee und die Damen verkauften uns eine Rolle von deren Toilettenpapier. Dann fuhren wir zurück zum Parkplatz und wenige Minuten später traf die Freundin (Shortcut) mit einer weiteren Frau (Trail Magic) ein. Sie stellten sich mir vor und wir erfuhren, dass die beiden Freundinnen sind. Also wanderten wir dieses Wochenende zu fünft. Wie schön. Sie brachten uns frische Subs mit! Wow. Wir hatten mal wieder was frisches und leckeres im Bauch. Ich schaffte nur einen halben und hob mir den Rest zum Abendessen auf.

Es wurde viel gequatscht. Happy Feet, Donnatella und Shortcut kennen sich seit der Junior High School, sie haben zusammen bei Lancaster gewohnt und hatten viel auszutauschen.

Trail Magic ist eine erfahrene Wanderin und arbeitet, wie wir später erfuhren, in einem outfittergeschäft.

Wir hatten heute einen geraden und langgezogenen Aufstieg, der gefühlsmäßig nicht endete. Wir kamen an einer Quelle vorbei, die rot leuchtete. Das lag vermutlich am eisenhaltigen Stein. Wir hörten den Nachmittag über Schüsse und Detonationen. Laut Karte ist auf der anderen Bergseite ein Übungsgelände der US Army. Sie schossen und sprengten bis zum Abend. Wir hofften, dass Morgen Ruhetag sei.

Da es in diesem Gelände keinen Shelter gab bzw. der nächste zu weit weg war, wollten wir an einer Quelle übernachten. Wir fanden den Campsite, wo der Boden sehr nass oder durch Steine und tote Bäume blockiert war. Wir gingen etwas in das Unterholz und fanden neben der kräftigen Quelle eine Art Insel in einem Rhododendronwald. Dort kamen wir nur hin, indem wir über Baumstämme und Steine über das Wasser stiegen. Es war herrlich. Wir passten fast alle dort auf den Flecken. Nur Donnatella brauchte mit ihrem Tarp etwas mehr Platz und fand ihn etwas entfernt von uns. Wir bauten unsere Zelte und Betten auf.

Es war dort schon eine Feuerstelle vorhanden, so dass wir nur Feuerholz suchen mussten. Leider hatte ich hier keinen Handyempfang und wie sich herausstellte die anderen auch nicht. Wir schoben das Problem auf das Armygelände. Vermutlich gab es dort Störsender oder es lag an den Bergen.

Beim Lagerfeuer saßen wir auf Steinen zusammen und quatschten und quatschten. Es gab so viel zu fragen und erzählen. Wir aßen Chips, unsere restlichen Subs, rösteten marshmallows und Trail Magic machte uns einen herrlichen Schlummertrunk. Apfel Cider mit heißem Wasser und einem Schuß Rum! Das wärmt ordentlich durch und macht schön müde.

Zum Schlafengehen fing es leider an zu regnen.

**04.05.2014**

Nach einer ruhigen Nacht wachte ich auf und der Schlafsack war klamm. Aber das Zelt hatte dicht gehalten.

Wir kamen nach und nach in die Gänge. Trail Magic machte Frühstück für uns und holte eine Überraschung nach der anderen aus ihrem Rucksack. Sie machte uns einen frischen Kaffee, der klasse schmeckte. Ich konnte endlich mal etwas dazu beisteuern, den Kaffeeweisser. Dann gab es für jeden eine Portion Rührei mit Speck zusammengerührt mit Käsemaccheroni. Auch wieder Backpackers Glück von Mountain House. Wir waren alle verzaubert davon. Es war herzhaft, nahrhaft und sehr warm.  Daher bekam „Trail Magic" ihren Trailnamen.

Nach so einem tollen Frühstück konnten wir gut starten. Geplant waren etwa 8-9 Meilen bis zum Parklatz zugehen, wo Trail Magic und Shortcut  von ihren Männern abgeholt werden sollten. Happy Feet und ich wollten dort in der Nähe im Shelter übernachten.

Donnatella verabschiedete sich hier von uns. Sie wollte zum Auto zurück gehen und zu ihren Eltern fahren, um noch einige Tage mit denen zu verbringen, bevor sie nach Kalifornien zurückfliegt. Es war eine schöne Zeit mit ihr und ich habe wieder einen interessanten Menschen mehr kennengelernt.

Heute war es bewölkt und blieb trocken.

Wir gingen zu viert weiter. Gegen Mittag wollten wir an einer alten Kohlenmine Rast machen. Zu Beginn des 19. Jahrhunderts wurde hier Kohle abgebaut und hin und wieder sind hier Reste von Häusern und Maschinen zu sehen. Als wir an der Mine ankamen, waren dort zwei Wanderer. Shortcut suchte das Logbuch und wollte uns eintragen. Happy Feet sagte in einem merkwürdigen Ton, dass wir weitergehen würden. Und alle gingen weiter. Die Stimmung kippte, etwas lag in der Luft. Ich ging zuletzt und sah, weshalb die

Stimmung gekippt war. Wir wurden immer schneller und nach etwa 200 Metern blieben wir stehen. Happy Feet fragte, ob die uns nachkommen würden. Der eine Typ hatte eine Waffe an seinem Gürtel. Sie kamen uns bisher nicht nach, aber wir fanden das sehr spooky. Welcher Wanderer geht mit einem Revolver auf den Trail? Wir gingen weiter und wollten später Pause machen. Wir trafen nach etwa 5 Minuten einen Freiwilligen, der in seiner Freizeit für die ATC arbeitet. Er bearbeitete grade den Weg und legte den Wasserablauf frei. Wir fragten ihn, ob er die beiden Wanderer gesehen hätte? Einer davon trug eine Waffe mit sich. Er hatte sie nicht gesehen, wollte sie aber im Auge behalten, falls sie vorbeikämen. Wir wünschten ihm noch einen schönen Tag, bedankten uns für seine Arbeit auf dem AT und gingen weiter. Etwa 1 Stunde später gönnten wir uns eine Pause. Hier hatten wir auch wieder keinen Handyempfang, selbst mit Wanderstock als Antenne nicht.

Plötzlich tauchte der ältere Hiker mit dem ultraleichten Rucksack wieder auf. Wir kamen ins Gespräch und er stellte sich als „Fast Eddie" vor. Er sagte, daß er Donnatella begegnet sei und mit ihr gesprochen habe. Die beiden Männer habe er auch gesehen, die gingen aber in die andere Richtung. Fast Eddie erzählte, daß er in Maine wohne. Er ist bis Georgia geflogen und dort auf dem Trail gestartet. Nun ging er quasi nach Hause. Er hat nur so wenig Gepäck dabei, weil er Slackpacking macht. Er geht jeden Tag eine Strecke auf dem AT und wird am Ende des Tages von seiner Frau abgeholt. Die fährt parallel mit. Am nächsten Morgen startet er dann von der Stelle, wo ihn seine Frau eingesammelt hat. Das ist insofern auch sehr schlau, als daß er nur leichtes Tagesgepäck mit Regenjacke und einem Tarp mit sich trägt. Ich bot ihm etwas von meiner Schokolade an, die er dankend annahm und dann war er auch schon wieder weg.

Dann überlegten wir, wie wir weitergehen würden. Bis zum Parkplatz würden wir es am Nachmittag nicht schaffen. Es würde spät werden. Shortcut wollte gern rechtzeitig nach Hause kommen wegen ihrer beiden Kinder. Also beschlossen wir, den Side Trail „the

General" zu nehmen. So würden wir etwas abkürzen und zur Straße kommen. Unterwegs kamen wir an einem schönen Campsite vorbei, wo Happy Feet und ich auf dem Rückweg übernachten könnten.

Allerdings entpuppte sich der General als ein Ungestüm heraus. Der Bergaufstieg hatte eine mehr als 45 %ige Steigung. Teilweise über Steine und zur Bergspitze hin auf trockenen Boden, so dass wir uns an den Bäumen oder kleinen Büschen festhalten mussten, um nicht wieder zurück zu rutschen oder abzustürzen. Das war schon einen Herausforderung mit unseren Rucksäcken auf dem Rücken. Daher bekam „Shortcut" ihren Trailnamen. Auf der Bergspitze angekommen, hatten Trail Magic und Shortcut wieder Handyempfang, nur ich nicht. Langsam ging mir auf, daß die Aufladung vermutlich nicht geklappt hatte.

Auf der anderen Seite des Berges ging es ebenso steil wieder bergab, über Steine, Regenwasserbetten, kreuz und querliegenden Bäumen. Es war sehr anstrengend. Ich behauptete, dass der General daher seinen Namen habe. In der Ebene angekommen war es bis zur Straße noch etwa 0,8 Meilen. Hier kam uns Dan, der Mann von Trail Magic, entgegegen. Und er sagte, es gäbe noch eine Überraschung. Die war dann ein tiefer Fluß, den wir nicht durchwaten konnten. Wir mussten auf einem darüberliegenden Baumstamm balancieren, mit Gepäck. Happy Feet traute sich als erste rüber. Dann bot sich Dan an, die Rucksäcke rüber zu tragen. Er machte das mit einer Leichtigkeit. Ich ging nach Shortcut, aber ohne Rucksack. Ich hatte echt bammel mit Gepäck reinzufallen. Und dann wäre ALLES nass. Ich war Dan sehr dankbar. Dann gingen wir zum Auto und fuhren noch etwas zu essen holen. Wir waren bei einer BBQ –Kette, die gegrilltes Fleisch u. a. in Burgern verkaufte. Das richtige Essen für Happy Feet. Sie liebt BBQ. Wir schlugen uns die Bäuche voll und fuhren dann zu dem Parkplatz am Trail, was unser eigentliches Tagesziel war. Wir verabschiedeten uns voneinander und freuten uns auf morgen. An meinem Geburtstag wollte uns Trail Magic noch etwas begleiten.

Außerdem fragte sie uns, was wir benötigen würden und gaben ihr einige Wünsche mit ( Tortillas, Käse, Salami ...).

Es war ein tolles Wochenende, jedoch hatte ich seit zwei Tagen keinen Kontakt zu meinem Mann mehr. Das machte mich unruhig.

Happy Feet und ich überquerten die Bundesstraße, mussten dann noch einmal auf einem Baumstamm einen Fluss überqueren und bauten unsere Zelte in der Nähe auf einem Campsite unter einem tollen Baum auf. Wir waren total erschöpft und kaputt von der Steigung.

Ich bat Happy Feet um ihr Handy, um meinem Mann eine email zuschicken, daß es uns gut ginge.

Später las sie über den General nach, dasß es dort einen Traktor oder ähnlich große Maschine gegeben habe, die die Minengesellschaft genutzt hat und wegen ihrer Größe „the general" hieß. Nun soll sie dort verrotten, gesehen haben wir sie aber nicht.

Diese Nacht war sehr mild und mein Schlafsack wurde langsam zu warm.

# Geburtstag

**05.05.2014**

Ich habe heute Geburtstag. Happy Feet gratulierte mir als erste. Sie richtete mir weitere Grüße aus von Shortcut, Trail Magic und Dan, River und Chef und von ihrem Vater.

Allerdings funktionierte mein Handy immer noch nicht. Ich hoffte, dass mein Mann die email gelesen hatte und bei dem Anbieter nachfragen konnte.

Nach einem trockenen Frühstück packten wir ein und gingen los. Wieder über den Baumstamm über dem Fluss. Die Sonne schien wunderbar und es sollte wieder ein warmer Tag werden.

Auf dem Parkplatz trafen wir Fast Eddie wieder. Wir wünschten uns enjoy your hike und take care und schon war er wieder verschwunden. Wir hatten zwei Meilen bis zum Treffpunkt mit Trail Magic vor uns. Unterwegs fand ich einen doppelten Marsriegel, trail magic!! Ich vermute den hat Fast Eddie dort hingelegt als dankschön von gestern. Wie nett.

Am Treffpunkt trafen wir Trail Magic und Tyler, die gemeinsam mit uns wandern wollten. Sie gratulierten mir zum Geburtstag und hatten eine supertolle Torte mitgebracht auf der stand: „happy birthday shoe". Wie toll!!! Amazing! Da bekomme ich von so lieben Menschen eine Geburtstagtorte. Ich durfte entscheiden, wo wir den Kuchen essen wollen und ich wollte ihn oben auf der Bergspitze essen.

Also mussten wir rauf auf den Berg. Trail Magig ging ohne Stöcke und trug die ganze Zeit die Torte. Sie erklärte uns hier und da etwas über die Pflanzen, die dort wuchsen. So sahen wir wilden Ingwer, sie zeigte uns einen Haufen Coyotenkot und wir sahen einen chipmunk.

Unterwegs trafen wir die Frau von Fast Eddie, die mit ihrem Hund auf dem Rückweg war. Sie gratulierte mir auch zum Geburtstag. Das hatte sich schon rumgesprochen.

Oben auf dem Berg hatten wir einen tollen Ausblick und hofften, dass dort noch ein Picknicktisch kommen würde. Dem war nicht so und so gingen wir weiter. Nach einiger Zeit entschieden wir auf dem Weg Pause zu machen, da wir immer weiter weg vom Aussichtspunkt kamen. Wir hatten einen tollen Blick über die Gegend. Ein Fluss, grüne Felder, viele einzelne Häuser, Rinder usw.

Das schönste Geschenk war jedoch, dass mein Handy ab Mittag wieder funktonierte. Und so bekam ich noch mehr Glückwünsche von meiner Familie und Freunden. Nur mein Mann war sehr verärgert, dass ich fast drei Tage nicht erreichbar war. Anscheinend hatte der Anbieter ein technisches Problem. Aber mir fiel heute ein Riesenstein vom Herzen.

Trail Magic machte uns zum Mittag „Chilli con Carne" und zum Nachtisch gab es

Hiker-Eiscreme (Trockeneis) von Mountain House. Das ist dehydriertes Eis, das gelutscht wird und so seinen Eisgeschmack entfaltet. Herrlich. Dann aßen wir die Geburtstagstorte. Hmmmhh. Ich mag sonst keine Sahne und Cremetorten, aber heute war das egal. Ich konnte essen, soviel ich wollte und nahm dennoch ab.

Dann öffnete Trail Magic ihren Rucksack und gab uns alles, was wir uns gewünscht hatten: Tortillas, Käse, Salami usw.  Sie gab uns noch mehrere Tüten Apfel Cider, Creme Brulee von Mountain Sports und eine Flasche mit Rum mit. Welch ein Engel. Sie hatte so einen Riesenspaß daran, mit uns zu wandern, dass sie kein Geld von uns haben wollte.  Happy Feet hatte mit ihr über ein hammock gesprochen und heute hatte sie eins dabei. Sie wollte ausprobieren, wie es sich darin schläft. Denn zum Sommer wollte sie ihr schweres Zelt und den warmen Schlafsack nach Hause senden und mit einem leichten hammock weitergehen.

Wir konnten uns nur schwer voneinander verabschieden. Aber wir wollten heute noch bis zum William Penn Shelter gehen, etwa weitere 7 Meilen.

Nun waren wir wieder zu zweit. Am Anfang kam ich mir etwas verlassen vor aber das verflog schnell. Es war ein schöner Weg. Wir gingen über den Bergkamm, die Sonne schien, die Natur wurde immer grüner, wir sahen unendlich viele Blumen blühen und wir genossen den Ausblick. Wir hörten die Vögel, sahen Schmetterlinge und es war einfach nur schön.

Unterwegs hatten wir zwar noch ein etwa 1-2 Meilen langes boulderfield zu übersteigen, aber keinen Monsteraufstieg. Happy Feet erzählte mir, dass sie jeden Tag auf dem Trail darauf wartet, dass so ein boulderfield auftaucht. Wenn es dann da ist, bedankt sie sich laut bei der ATC und PATC dafür. Ist schon witzig, was sich jeder für Gedanken für die Tagesetappe macht.

Unterwegs trafen wir eine Frau, die meinte, dass kurz vor dem Shelter eine Überraschung auf uns warten würde. Wir waren sehr gespannt.

Am Shelter angekommen ließen wir unsere Rucksäcke am Campsite mit der Feuerstelle und gingen zum Shelter. Wir fanden keine Überraschung. Oder doch? Der Shelter war voll mit Müll. Zeitungen, Zeitschriften, eine leere Bierflasche, ein Paar zerschnittene Schuhe, zwei Jeanshosen, T-Shirts, ein Basecap, eine leere Zigarettenschachtel, eine blaue Kühltasche, die uns bekannt vorkam. Es sah wüst aus.

Im Logbuch hatte Fast Eddie mir einen Geburtstagsgruß hinterlassen. Wie nett. Ich hinterließ auch eine Nachricht.

Dann gingen wir zu unseren Rucksäcken zurück und bauten die Zelte auf. Happy Feet baute ihre rosafarbene Hängematte auf und legt sich zur Probe hinein. Ich machte eine Foto von ihr in dem pink Taco. Wir alberten herum und sie nannte noch einen anderen Ausdruck dafür, der nicht jugendfrei ist.

Sollte es in der Nacht anfangen zu regnen, wollte sie in ihr Zelt kriechen.

Happy Feet liest viel bei facebook und erzählte mir, dass die Schuhe und Tasche eindeutig auf einem Foto auf der Facebookseite von „Dakota Joe" zu erkennen sind. Also ist vermutlich der meiste Müll von ihm. Sie war richtig sauer auf ihn. In Duncannon erzählte er allen, dass ihm seine Schuhe und Kocher gestohlen wurden. Und nun hinterlässt er so einen Haufen Müll. Mittlerweile wird auf dem Trailfunk erzählt , dass er derjenige war, der einen anderen bestohlen hat.

Sie ging zum Shelter und wollte sehen, ob sie etwas Müll mitnehmen könne. Sie war wohl etwas infiziert von Donnatella. Einige Zeit später erschien sie mit der Kühltasche, voll gepackt mit einem Teil der alten Klamotten und einem Cap. Die Tasche wollte sie sich morgen an den Rucksack binden.

Ich hatte in der Zwischenzeit mit meinem Mann Kontakt aufgenommen. Das geht am besten am Nachmittag, da Deutschland 6 Stunden voraus ist und dann hat er Zeit mit mir zu kommunizieren. Außerdem hatte ich schon Feuerholz gesammelt. Happy Feet ging zur Quelle Wasser holen und ich machte schon einmal ein Lagerfeuer. Am Shelter trafen drei junge Hiker ein, um die 20 -25 Jahre alt. Sie waren sehr höflich und redeten kurz mit uns. Einen traf Happy Feet an der Quelle wieder. Sie unterhielten sich und er erzählte, dass sie mittlerweile etwa 20-25 Meilen am Tag gehen. Die ersten drei Wochen wären die härtesten Tage, danach würde es einfacher gehen. Happy Feet mochte ihm nicht erzählen, dass es ihr nach zwei Monaten immer noch nicht leicht fallen würde über Steine und Felsen zu klettern und sie nicht mehr als 5-8 Meilen am Tag gehen würde. Dazu waren die zu nett.

Der Abend war sehr schön. Wir saßen am Feuer, aßen noch etwas und machten uns die Creme Brulee zum Nachtisch (mit kaltem Wasser!). Wir überlegten kurz, was die Lebensmitteltechniker in die Rezeptur einbauten, es war uns aber egal. Es schmeckte einfach gigantisch, sogar mit einer Kruste auf der Brulee. Wie machen die das? Zum Abschluss des Tages gab es noch einen Schlummertrunk. Mit Rum.

So konnten wir supergut schlafen. Happy Feet in ihrem Pink Taco.

## Tag 30

06.05.2014

Am Morgen kroch Happy Feet aus ihrem Zelt. Sie musste in der Nacht aufstehen und wollte dann nicht mehr ins hammock klettern. Also schlief sie im Zelt weiter.

Als wir beim Frühstück saßen, gingen die drei sportlichen Jungs los.

Wir brauchten noch eine Weile, bis wir losgingen. Heute wollten wir bis zum 501 Shelter gehen. Der liegt an der Bundesstraße 501, woher er seinen Namen hat. Das besondere an dem Shelter sind zwei Dinge.

Zum einen können wir uns dorthin Essen bestellen, egal was wir wollen. Essen, viel Essen. Zum anderen ist der Shelter wie ein Haus gebaut mit Fenstern und Türen. Na wir lassen uns überraschen.

Es waren etwa 6 Meilen bis zum Shelter. Happy Feet band die Kühltasche mit dem Müll von Dakota Joe an ihren Rucksack und so gingen wir los. Die Tasche schliff über den Boden und glich etwas einem bockigen Hund. Ich musste darüber sehr lachen und erklärte Happy Feet, was so lustig war. So wurde die Tasche in „bad dog" getauft und wir beschimpften ihn, stellvertretend für das Schwein, das den Dreck hinterlassen hatte. Die Tasche zog eine Spur über den Boden, Blätter sammelten sich darunter und hin und wieder blieb die Tasche an Steinen oder Baumstämmen hängen. Dann wurde der bad dog wieder ausgeschimpft. Es muss sehr komisch ausgesehen haben, zwei Frauen mit riesigen Rucksäcken wandern daher und reden mit einer Kühltasche, die sie hinter sich herziehen. Jetzt beim Schreiben muss ich auch wieder schmunzeln, wie blöd wir ausgesehen haben müssen. Aber es war für einen guten Zweck und wir konnten unseren Ärger über Dakota Joe an der Tasche auslassen.

Irgendwann riss eine Schnalle der Schultergurtes und wir befestigten den Gurt an dem Deckel der Tasche. Ich schlug Happy Feet vor, dass sie dem Hersteller der Tasche später einen Brief mit Fotos schreiben könnte, wie lange diese Tasche diese Strapazen mitgemacht und ausgehalten hat. Sie fand die Idee nicht schlecht und wollte darüber nachdenken.

Als wir der Bundesstraße näherkamen, konnten wir erkennen, dass viele Menschen hierherkommen und den Ausblick genießen. Es lag viel Müll auf dem Parkplatz herum, aber es gab keine Mülltonne weit und breit. So sammelte ich auch noch Müll ein. Wir hatten ja sowieso immer eine Mülltüte mit unserem Müll am Rucksack hängen und da war noch Platz.

Am Nachmittag trafen wir am Shelter ein. Es war wirklich ein toller Shelter, es wurde nicht zu viel versprochen. Es war ein großes Haus mit Fenstern und zwei Türen. Wir suchten uns jeder ein Bett aus, in dem Shelter standen mehrere Doppelstockbetten. Es gab viele Ameisen, so hängten wir unsere Futterbeutel an die von der Decke hängenden Stöcken. In der Mitte der Hauses standen zwei Riesenpicknicktische. Und in der Decke ist ein großes Fenster, so dass tagsüber die Sonne reinscheint und nachts die Sterne zu sehen sind. Sogar vom Bett aus. Happy Feet wollte die Solardusche benutzen, die vor vier Tagen mit frischem Wasser gefüllt wurde. Allerdings war das Wasser noch sehr kalt. Die Solardusche bestand aus zwei schwarz gestrichenen Wassertonnen, die in etwa 2 Meter Höhe auf einem Holzgestell aufgebaut waren und das Wasser über einen Gartenschlauch abgaben. Happy Feet duschte trotzdem und ich wusch mir hinterher die Haare. Brrr. Später erschien der Overseer des Shelters, ein sehr junger Mann, der mit Frau und Kind direkt nebenan wohnt. Wir erklärten ihm, dass wir im letzten Shelter Müll gefunden und mitgeschleppt hatten. Normalerweise nehmen die Overseer keinen Müll entgegen, da jeder Hiker seinen Müll verantwortungsbewusst selbst entsorgen soll. In diesem Fall machte er eine Ausnahme und nahm die Mülltasche entgegen. Er bat uns, keine Lebensmittelreste zurück zu lassen wegen der Tiere.

An der Pinnwand hingen einige Flyer von verschiedenen Bestellanbietern.

Im Anschluß bestellten wir beim Italiener eine Pizza mit French Fries für Happy Feet und einen grünen Salat und einen Cheeseburger-Sub für mich. Wir setzten uns draußen an den Picknicktisch zum Essen. In der Zwischenzeit kam ein Paar, die hier auch übernachten wollten. Sie waren für zwei Wochen auf dem Trail und hatten sich mit ihren Kindern für den nächsten Tag in Pine Grove verabredet. Wir saßen zusammen, unterhielten uns und genossen unser Essen. Mit Hikermidnight gingen wir schlafen. Die Betten waren sehr unbequem, da wir in den Betten auf Holzböden lagen. Auf dem Waldboden zu schlafen ist wesentlich bequemer und weicher. Aber wir konnten von unseren Betten aus in den Himmel gucken. Das war einmalig.

**07.05.2014**

Am Morgen war das andere Paar schon früh gestartet. Mir ging es nicht gut. Ich hatte Übelkeit und ein komisches Völlegefühl. Happy Feet ging es auch nicht gut. Sie hustete schon seit einigen Tagen, was ich auf ihre Rauchgewohnheit schob. Aber sie nieste in den vergangenen Tagen öfter und ihre Nase lief sehr. Sie hatte auch gerötete Augen. Sie meinte, dass sie eine Erkältung bekommen würde. Wir trödelten also herum und überlegten, ein Zero zu nehmen in Pine Grove. Ich nahm homöopathische Kügelchen und hoffte, dass es besser werden würde. Happy Feet rief einen Shuttlefahrer an, der nicht zu erreichen war. Es lief nur die mailbox. Sie wiederholte es und versuchte, einen weiteren Shuttleservice zu erreichen. Leider klappte es nicht. Ich war der Meinung, dass Happy Feet eine allergische Reaktion auf Pollen o.ä. hätte. Sie erzählte mir, dass Peter ihr bei Allergie geraten hatte, den regionalen Honig zu essen, um so einen eigenen Immunspiegel aufzubauen.

Wir gingen also los in Richtung Pine Grove, es sind 4 Meilen von hier und versuchten, einen Shuttlefahrer zu bekommen. Mir ging es total schlecht, ich musste ständig von dem gestrigen Salat aufstossen, wollte aber nicht dort bleiben. Also dachte ich, es ist besser loszugehen und unterwegs vom Shuttlefahrer mitgenommen zu werden. Wir wussten nicht, dass die Straße nach Pine Grove ein Gefälle hat, das die Autos zum Rasen bringt und Autofahrer nach Pine Grove nur wenige Möglichkeiten haben, anzuhalten. Ich musste unterwegs einige Male anhalten, um Pause zu machen. Ich war total erschöpft, mein Kreislauf ging sehr schlecht. Etwa 1-2 Meilen vor Pine Grove fuhr ein Auto mit „Jesus liebt dich" und „es ist deine Chance" an uns vorbei. Der Fahrer fragte, wohin wir wollten. Er wendete sein Auto und hielt dann an. Er ließ uns in sein Auto einsteigen und fuhr uns nach Pine Grove. Der Typ, um die 50 Jahre alt, ordentlich gekleidet, ist eigentlich Berufskraftfahrer und in seiner Freizeit fährt er als Prediger für seine Kirche herum. Ich bekam nicht viel mit. Nur soviel, dass er viel quatschte und uns viel fragte. Auf dem Rücksitz lag ein rosafarbener Schnuller. In Pine Grove ließ er uns an einem Parkplatz bei McDonalds raus und wollte wissen, ob wir für morgen einen Rückfahrt mit ihm haben wollten. Wir verneinten und stiegen schnell aus. Das war uns zu unheimlich. Ich erzählte Happyy Feet von dem rosa Schnuller, der auf der Rücksitzbank lag. Das fand sie auch crazy.

Gegenüber im Motel checkten wir ein. Während des Eincheckens bekam ich einen Spuckreiz und musste sofort zur Toilette. Ich fand sie in der letzten Sekunde und musste mich im Gehen übergeben. Es landete auf meiner Hose, meinen Schuhen, auf dem Boden und im Waschbecken. Dann fühlte ich mich erleichtert. Der Druck im Magen war weg. Es war der Salat, der schlecht war. Ich säuberte alles und ging zurück zu Happy Feet. Die hatte schon unsere Sachen ins Zimmer gebracht und war sehr umsorgt um mich. Ich bekam das Bett, das näher zur Toilette war. Sie erkundigte sich, ob ich etwas benötigen würde. Ich wollte nur duschen und schlafen.

Happy Feet wollte zum nebenan gelegenen Supermarkt gehen, ihrem Lieblingsmarkt dem Dollar General, und Wasser und Medikamente für sich besorgen.

Als sie zurückkkam, lag ich im Bett, nahm weitere Globuli, und versuchte zu schlafen. Happy Feet hatte Trinkwasser, Allergiemedikamente und sogar eine Duftkerze besorgt gegen den komischen Geruch im Zimmer.

Sie nahm ein Bad und ging anschließend zum gegenüberliegenden McD. Sie kam schnell wieder, da sie auf dem Parkplatz das Auto mit „Jesus liebt dich" sah. Dem wollte sie nicht noch einmal begegnen. Also wartete sie etwas. Zum Zeitvertrieb schaltete sie den Fernseher ein. Am nächsten Tag erzählte sie mir, dass sie sich ernsthaft Sorgen um mich gemacht hat, weil sie glaubte, ich hätte einen Anfall von Borelliose von einem Zeckenbiss. Die Symptome sind ähnlich. Ich konnte ihr immer wieder versichern, dass ich eine

Magenverstimmung vermutlich vom Salat hätte. Sie stimmte mir zu. Grüner Salat wird in Amerika oftmals nicht gewaschen, so dass ich wohl eine Lebensmittelvergiftung vom Salat hatte. Sie hatte keinen Salat gegessen und ihr ging es heute mit dem Antiallergikum besser.

Ich weiß von dem Tag nicht mehr viel. Ich trank viel Wasser, nahm später noch eine Magentablette gegen Durchfall und schlief bis zum anderen Morgen. Zwischendurch fragte mich Happy Feet immer wieder, ob ich etwas zu essen oder etwas anderes haben wollte.

Ich schrieb meinem Mann, dass ich heute nicht viel schreiben würde, da ich mit einer Magenverstimmung krank im Bett liegen würde. Er glaubte, ich hätte Migräne und würde nicht die Wahrheit mitteilen. Ich versuchte ihm zu erklären, dass ich mich nur übergeben hätte und mich ausruhen würde. Ich hätte alle meine Medikamente eingenommen, damit es mir besser geht. Aber so recht glauben wollte er das nicht. Was ist auch weniger schlimm? Migräne oder eine Magenverstimmung auf dem Trail?

Zu allem Übel, das erfuhr ich später von meiner besten Freundin, las er parallel im blog von Happy Feet, dass sie sich große Sorgen um mich machte, dass ich einen akuten Anfall von Borelliose hätte. Ich würde nur schlafen und wenig wach sein. Nun war die Verwirrung perfekt. Ich wusste nicht, dass Happy Feet das in ihrem blog schrieb. Und wusste auch nicht, dass mein Mann ihren blog parallel las.

## 08.05.2014

Am nächsten Morgen ging es mir schon besser, dennoch ging Happy Feet allein zum Frühstück im Motel. Ich trank einen Tee. Später gingen wir zusammen zum Supermarkt und ich kaufte mir eine Packung Cracker und anderes. Wir entschieden eine weitere Nacht hier zu bleiben und erst morgen weiter zu gehen. Heute ging bei mir noch nicht viel, außer Ausruhen, Essen und Trinken. Wir chillten im Zimmer, pflegten unsere Blogs und sahen Fernsehen. Den Wetter Kanal und Kinofilme.

Der Shuttlefahrer hatte gestern zurück gerufen. Er ist in der Nacht davor Großvater geworden und war deshalb nicht zu erreichen. Als er unsere Story hörte, tat es ihm sehr leid, dass er nicht zu erreichen gewesen war. Dafür vereinbarte Happy Feet mit ihm, dass er uns am Donnerstagmorgen gegen 10 h abholen könnte, um uns zum Trail am 501 Shelter zurück zu fahren.

Somit hatten wir eine sichere Rückfahrt.

Ich sprach mit Happy Feet, dass ich mich entschieden hatte in Port Clinton auszusteigen. Das war eine schwere Entscheidung für mich.

Einerseits machte es grad viel Spaß und wir verstehen uns gut. Wir wissen schon so viel voneinander. Manchmal müssen wir uns nur anschauen und wissen, was die andere meint. Wir haben ein gutes gemeinsames Tempo gefunden. Wir verstehen und respektieren uns. Es gibt keinen Wettbewerb zwischen uns.

Andererseits ist mein Rucksack mit dem Zelt usw. zu schwer. Ich bräuchte einen leichteren Rucksack. Meine Knie machen mir Ärger, sie brennen jeden Tag. Besonders schlimm ist es, wenn wir bergauf gehen oder über Steine klettern müssen. Ich habe etwas Heimweh. Ich hätte gern jemanden Vertrautes, eng Vertrautes an meiner Seite, der mich aufbaut, wenn es mal einen schlechten Tag gibt. Ich muss viel mehr Essen, weil ich so viel verbrenne, kann es aber nicht. So viele Lebensmittel wiegen auch eine Menge. Ich würde so gern weiter gehen.

Dennoch wird dieses Abenteuer nicht mein letzter Besuch auf dem Trail gewesen sein. Ich habe mir vorgenommen, noch einmal wieder zu kommen.

I am not there yet, but I´m closer than I was yesterday. Dieser Spruch stand an der Toilettenwand bei der AT Conservancy in Harpers Ferry. Den finde ich sehr passend.

## 09.05.2014

Heute konnte ich wieder frühstücken. Happy Feet ging es auch wieder gut. Ihr Husten und Schnupfen waren vergangen, die Augen waren auch nicht mehr gerötet. Wir wurden pünktlich von unserem Shuttlefahrer – Trail Angel abgeholt. Auf der Fahrt erzählten wir von unserem Hinweg vor zwei Tagen und es tat ihm immer noch leid, dass er und seine Frau nicht zu erreichen waren.

Wir fragten ihn, ob er vor etwa 10 Tagen bei dem starken Regen zwei Hiker, Chef und River, gefahren habe. Er meinte, er selbst sei nicht gefahren, aber seine Frau hätte in der Zeit Hiker gefahren. Ob die das waren, könnte nur seine Frau beantworten.

Wir haben seit Tagen nichts mehr von River gehört und unter seiner Nummer meldet sich nur die mailbox. Happy Feet hatte bereits mehrere Nachrichten an ihn hinterlassen und um eine Antwort gebeten. Das fanden wir ungewöhnlich und machten uns Gedanken um ihn. Hoffentlich war ihm nichts passiert?

Heute ließen wir es langsam angehen und planten erst einmal knapp 6 Meilen bis zum Hertline Campsite, da dort eine Quelle ist. Bis zum Shelter wären es 15 Meilen, die wir heute definitiv nicht gehen würden.

Es war am Morgen noch sehr neblig und wir hatten eine spooky Stimmung im Wald...Aber wir hörten und sahen nun von Tag zu Tag immer mehr Vögel. Also kam der Frühling. Die meisten Bäume trugen zarte, grüne Knospen und auf dem Boden wuchsen die ersten Farne und fremde Pflanzen und Blumen. Wie schön muss es im Sommer sein, wenn alles grün ist, die Bäume voll Laub sind.

Unterwegs trafen wir einen Mann, um die 60 Jahre, mit einem Tagesrucksack und Wanderstock. Er erzählte uns, dass er alle Berge in den Appalachen mit mindestens 4000 feet Höhe begehen würde. Die Namen der Berge hatte er auf seinem Stock vermerkt. Und da er südwärts- sobo ging, hatte noch 10 oder 15 Berge vor sich. Wir fragten nach Bären und er hatte wie wir noch keinen gesehen. Dafür erzählten wir von einer Schlange, die wir gesehen hatten. Er meinte, dass es in    mountains viele Schlangen gäbe. Wir wünschten uns enjoy your hike and take care und er war verschwunden.
Das ist ein Phänomen auf dem Trail. Manchmal hörst Du jemanden oder glaubst etwas zu hören, aber siehst nichts. Aus dem Nichts taucht hinter oder vor Dir ein Hiker auf, den Du vorher nicht sehen konntest. Und wenn dieser weitergeht, ist er nach wenigen Metern wegen der Bäume nicht mehr zu sehen. Ein Superareal zum Versteckspielen.

Gegen Nachmittag kamen wir am Campsite an. Es war ein wunderschöner Ort. Links und rechts des Trails verlief die Quelle. In der Mitte war genügend Platz, wo sich eine Feuerstelle befand und ein Picknicktisch standen. Wir bauten unsere Zelte auf, Happy Feet ihr hammock und Zelt und sammelten Feuerholz. Wir hatten Zeit und so nahmen wir einen Nap- kurzen Schlaf. Ich badete später meine Füße in der Quelle, was herrlich war. Mir war klar, dass dies nun meine letzten Tage auf dem Trail sind und ich genoss jeden Moment.
Um die Quelle herum wuchsen weiße Veilchen, unzählig viele Veilchen. So etwas hatte ich noch nicht gesehen. Unglaublich schön.

Es kamen noch zwei Hiker vorbei, die ihre Flaschen auffüllten und weitergingen.

Später machten wir ein Lagerfeuer und aßen Pizzatillas und Pizza mit Thunfisch und Käse (Tuna Melt). Einfach lecker. Happy Feet erzählte mir, daß sie als Staatsanwältin in New Orleans in einem Frauenclub sei, die ehrenamtlich arbeiten und Wohltätigkeitsveranstaltungen durchführen. Dazu gehört, daß sie jährlich ein Kochbuch veröffentlichen. Ich schlug ihr vor, das Rezept der Pizzatillas und Tuna Melt an die Koordinatorin zu senden. Die Idee fand sie großartig. So schrieb sie das Rezept als email und verschickte es gleich. Mit einem Foto unseres Lagerfeuers. Wir mussten über ihren gewählten Ausdruck und die vornehme Formulierung laut lachen. Wir stellten uns die Frauen in ihren schicken Kostümen auf High Heels hier am Lagerfeuer vor, wie sie das Rezept ausprobierten und deren Gesichter dazu, wenn sie uns so sehen könnten. Das war so unvereinbar wie ein Fisch auf dem Fahrrad. Happy Feet hatte sichtlich Spaß daran und wir mussten viel lachen.

Am Montag erreichen wir wohl Port Clinton und werden von Happy Feets Vater, Michael, abgeholt. Wir verbringen dann noch den Tag miteinander, sind mit ihrer Familie zum Essen verabredet und Michael bringt mich dann am Dienstag zum Bahnhof nach Wilmington. Mein Rückflug für nächste Woche ist gebucht und ein Motelzimmer in Washington habe ich auch schon.

Mit Hikermidnight gingen wir schlafen. Schlafen konnte ich aber nicht sofort. Ich war schon etwas traurig, daß nächste Woche mein Abenteuer zu Ende sein soll. Das kann es aber noch nicht gewesen sein. Ich werde wieder kommen. Ich hoffe es.

**10.05.2014**

Wir hatten eine ruhige Nacht und beschlossen, nach dem Frühstück bis zum Eagles Nest Shelter zu gehen. Zwar sollte es am Nachmittag auch Regen geben, aber wir wollten heute 9 Meilen schaffen.

Beim Packen kamen zwei Männer um die 65-70 Jahre, die Rast machten und ihr Wasser auffüllten. Sie waren für 10 Tage auf dem Trail unterwegs und wollten in der Zeit etwa 150 Meilen schaffen. Sie waren beeindruckt von Happy Feets Vorhaben, den gesamten Trail zu gehen. Ich musste zugeben, dass ich in der nächsten Woche nach etwa 6 Wochen aussteigen würde. Sie ermutigten mich und lobten mich für meine bisherige erreichte Strecke. Das tat gut und baute mich auf.

Kurz vor unserem Aufbruch kam ein Hiker, Anfang 30 Jahre, der sich die pinkfarbenen flip flops vor die Brust geschnallt hatte, die wir gestern auf dem Weg gesehen und liegen gelassen hatten. Er wollte auch bis zum Eagles Nest Shelter gehen und so starteten wir zusammen. Auf dem Anstieg überholte er uns aber. Dann ging es ziemlich lange recht eben über morastige Wege und durch viel Wasser. Wir holten ihn wieder ein und er fing an, zu erzählen, viel zu reden. Seinen Namen verstanden wir nicht, bekamen aber mit, dass er aus Boston käme. Somit nannten wir ihn „Boston".

Unterwegs kamen wir an einer Quelle vorbei, die etwa 0,5 Meilen abseits des Trails war. Happy Feet holte für uns Wasser, ich blieb bei den Rucksäcken am Weg sitzen. Da trafen dann unsere beiden „old fellows" ein, die sich für eine Pause entschieden. Einer der beiden war den gesamten Trail vor Jahren einmal gegangen. Heute wollten sie es auch bis zum Eagles Nest Shelter schaffen. Sie meinten, dass es einen ordentlichen Regenguss geben soll.

So gingen wir wieder zu fünft weiter. Allerdings hat jeder sein eigenes Tempo und so blieben die old fellows, wie wir sie nannten, irgendwann hinter uns. Wir hatten dann noch einen sehr steinigen

Abschnitt vor uns. Über eine Stunde ging es nur über mittelgroße Steine, was wesentlich anstrengender ist als über große Steine/ Felsen zu gehen. Die kleinen Steinen liegen lose herum und wackeln beim Drauftreten, d. h. dass Du mit dem Rucksack auf dem Rücken ständig dein Gleichgewicht halten musst.

Boston humpelte schon seit einer ganzen Weile und erzählte, dass er sich in Hamburg/ Port Clinton neue Einlagen oder Schuhe kaufen müsste. Seine Schuhe wären vielleicht zu weich geworden oder die Einlage aufgetragen. Er redete und redete. Wir gaben ihm den Tip, dass er einige freie Tage einlegen sollte, damit sich die Blasen und wunden Stellen an den Füßen etwas erholen können. Er meinte, so schlimm sei es nicht, humpelte aber wie ein Einbeiniger vor uns her. Er war seit mehr als 10 Tagen ohne Zero unterwegs. Trotzdem fing er immer wieder an, über seine wunden Füße und die Schmerzen zu reden. Nach 4-5 Stunden jammern konnten wir es nicht mehr hören.

Wir fragten ihn, ob er die Geschichte von Dakota Joe gehört hatte. Die kannte er bereits, allerdings nicht die Hinterlassenschaften im Shelter. Und so erzählte Happy Feet von der Kühltasche und den darin befindlichen Müll, den bad dog. Das fand er sehr witzig und hätte davon gern ein Foto gesehen.

Am frühen Nachmittag zogen dunkle Wolken auf. Es find leicht an zu tropfen und Happy Feet und Boston zogen ihre Regencapes an. Ich wartete noch etwas, weil ich dachte, dass ich noch genügend Zeit hätte, wenn der Regen mehr werden würde. Vielleicht war es nur ein kleiner Schauer. Aber so schnell konnte ich meinen Namen nicht schreiben, da war ich auch schon nass. Ich warf meinen Rucksack ab, zog schnell meine Jacke über und machte den Regenschutz über den Rucksack. Solchen Regen kannte ich bis dahin nicht. Wenn es regnet, dann als ob sich die Wolke in einem Guss ausschüttet. Unfassbar. Deshalb hatten Happy Feet und Boston gleich ihre Capes angelegt. Nun war auch ich schlauer. Danke dafür.

Nach etwa 5 Stunden kamen wir am Shelter an. Die Sonne schien wieder, es wurde warm und in der Quelle lagen mehrere Dosen Cola und Bier zum Kühlen. Wir hörten auch mehrere Hunde und Personen.

Im Shelter und in Zelten hatte sich eine Gruppe von 7-8 Frauen und Männern mit zwei Hunden eingerichtet. Sie stellten sich als Ski- und Wandergruppe vor und wollten in den Bergen das Wochenende verbringen. Ein Lagerfeuer hatten sie auch schon angemacht.

Wir sahen zu, dass wir uns etwas abseits Schlafplätze suchten, da die Gruppe schon etwas lauter war. Aus der Erfahrung wussten wir, dass sie meist bis in die Nacht reden, trinken usw. und man kaum Schlaf findet.

Wir bauten unsere Zelte auf und ich versuchte, im Nieselregen, der nun begann, ein Feuer für uns zu machen. Aber das Feuer ging immer wieder aus und qualmte nur vor sich hin.

Also aßen wir unser Abendessen und beschlossen, Boston und der Gruppe Gesellschaft zu leisten.

Boston hatte seinen Schlafplatz im Shelter aufgebaut und so lag nun immer einer der Hunde auf seinem Schlafsack. Das war so gemütlich.

Die anderen hatte schon ordentlich Alkohol und Cannabis  zu sich genommen und waren sehr gelöst. Sie luden uns zu Steak und gegrilltem Gemüse ein. Sie hatten eindeutig zu viel davon mitgebracht. Einiges nahmen wir dankend an.

Natürlich kam irgendwann die Sprache auf mich, was ich hier machen würde und warum. Auch sie hielten mich für verrückt und wir lachten gemeinsam über die Dokumentation über den AT.

Aber sie hatten auch Achtung vor dem, was mich antrieb.

Es gibt etwas, was ich hier kennengelernt habe. Es gibt keine Neider oder Schlaumänner, die dir erzählen, wie es geht.

Es gibt niemanden, der dir die Ausrüstung schlecht redet oder es besser weiß. Du wirst eher gefragt, wie es damit geht.

Es gibt nur Zuspruch und Unterstützung. Wenn du Fragen hast, ist keiner genervt sondern beantwortet dir die Fragen.

Es ist egal, ob du zwei oder 25 Meilen gewandert bist. Jeder Schritt zählt und wird mit Achtung und Zuspruch belohnt.

Wenn du mal nicht weiter weißt, gibt es jemanden, den man fragen oder auch anrufen kann. Es tun sich immer wieder neue Türen auf.

Du lernst fremde Menschen kennen, die dir eine frei Fahrt oder Übernachtung anbieten.

Du erfährst viel Hilfsbereitschaft. Niemand lässt dich links liegen. Du wirst überall gefragt, ob du genügend Wasser hast oder etwas zu essen brauchst.

Jeder, der dir entgegen kommt oder dich überholt, fragt dich, ob es dir gut geht und wohin du noch gehst. Dann wünscht man sich gegenseitig enjoy your hike und take care.

Das ist etwas, was ich bisher nur hier erfahren durfte.

Wir lachten viel gemeinsam und so wurde es heute mal spät, weit nach hikermidnight, als wir in unsere Schlafsäcke krochen.

Direkt über uns in den Bäumen saß eine Eule, die uns ein kurzes Lied sang.

Ich schlief sehr gut.

## Tag 35

**11.05.2014**

Am Morgen bauten wir nach unserem Frühstück unsere Zelt ab und packten alles ein. Wir waren nicht spät, dennoch war die Gruppe schon vor uns gegangen, als wir am Shelter vorbeikamen, um zum Trail zu gelangen.

Heute war mein letzter Tag auf dem Trail. Wir wollten 9 Meilen bis Port Clinton wandern, wo uns morgen Michael abholen sollte. Ich dachte mit Wehmut an den Tag.

Aber heute wollten wir noch viel Spass haben. Den ersten Spass bereitete uns der einzige Aufstieg heute, den wir wegen des mächtigen Anstiegs „the generals wife" nannten. Der hatte es in sich.

Es gab viele Steine, Felsen mit mächtigen Löchern darunter, viele waren sehr lose. Wir mussten uns sehr konzentrieren, wo wir hintraten. Zudem wurde es richtig heiß heute.

Wir sahen einen roten Kardinal im Baum sitzen. Endlich sahen wir mal einen anderen Vogel als nur Spechte, die wir seit Tagen hörten.

Wir sahen auch immer mehr Schmetterlinge, große Schmetterlinge in schönen Farben.

Ich sinnierte heute darüber, woran du einen Sobo und Nobo unterscheiden kannst? An der Farbe der Arme.

Nobos haben viel Sonne vom Osten und Süden, deswegen sind meist die rechte Hand und der Arm etwas dunkler. So auch bei mir.

Bei den Sobos ist es andersherum, deren linke Hand und Arm sind meist dunkler.

Wir hatten viel Spaß und Boston holten wir nicht mehr ein. Zum Glück, das gestrige Nörgeln ging uns etwas auf die Nerven. Zumal er unbelehrbar war. Entweder hast du Sorgen mit deinen Füssen, dann nimm dir eine Auszeit und pflege sie. Oder hör auf über die Schmerzen und die Füsse zu nörgeln.

Nachdem wir seit Montag, also seit einer Woche, nichts mehr von River gehört hatten, machten wir uns allmählich Sorgen. Happy Feet rief Chef an, der grad bei den hiker days in Damascus weilte und völlig bekifft war. Die hiker days finden jährlich in Damascus statt, wo sich die Wanderer des AT treffen und bei tagelanger Musik, Essen, BBQ usw. feiern. Chef wusste auch nichts von River.

Es gab nur drei Optionen: River hatte sein Telefon verloren, er war im Krankenhaus oder im Gefängnis.

Wir konnten auch nirgendwo nachfragen, da wir seinen richtigen Namen nicht wussten.

Der Abstieg nach Port Clinton war sehr steil und der Weg total rutschig. Ich überlegte laut, ob wir nicht auf unseren Rucksäcken den Berg runterrutschen könnten. Das hätte viel Spass gemacht und wir hätten uns womöglich neue Rucksäcke besorgen müssen.

Gedanklich nahm ich Abschied vom Appalachian Trail, wie anstrengend und toll es doch war, und steckte noch einen Stein ein.

Wenn du den Trail verlässt, dann an einem schönen Tag, sagte River. Das tat ich in der Tat.

Unterwegs trafen wir wieder auf die old fellows, die auch bis Port Clinton wollten.

Am letzten Hang rutschte ich dann aus und fiel auf den Rücken, nein meinen Rucksack. Da lag ich und musste so lachen. Ich fühlte mich wie ein Maikäfer, der sich nicht umdrehen konnte. Happy Feet wollte mir helfen, aber ich kam dann irgendwie wieder auf die Beine. Sie mahnte mich zur Eile, da Port Clinton ein sehr kleiner Ort sei mit wenigen Schlafplätzen. Sollten die old fellows vor uns dort sein und das letzte Zimmer im einzigen Hotel bekommen, müssten wir im

Pavillion oder im teuren B & B übernachten. Also gaben wir Gas und waren vor denen da. Und bekamen tatsächlich das letzte Zimmer.

Es war Muttertag und das kleine Hotel mit dem Restaurant entsprechend geschmückt. Überall hingen Luftballons mit der Aufschrift "happy mothers day".

In dem Hotel angekommen, betraten wir die Bar und warteten höflich, bis sich jemand um uns kümmerte. Der Barkeeper und Hotelbesitzer würdigte uns keines Blickes. Also bat mich Happy Feet bei den Rucksäcken draußen zu warten.

Irgendwann sprach der Typ Happy Feet entnervt an und sie bekam das letzte freie Zimmer. Es war ein Einzelzimmer mit großem Bett, dass er uns als Doppelzimmer lassen würde. Wir könnten auch in der Bar essen, müssten aber vorher duschen, so garrte er sie an.

Welch höfliche Begrüßung.

Happy Feet nahm das Zimmer dankend an und kam zu mir vor die Tür.

Sie erzählte mir alles und wir waren froh, dass wir wenigstens duschen konnten. Das war mal wieder notwendig.

Während ich draußen wartete, kamen die old fellows, die auch nach einem Zimmer fragten. Sie hatten aber kein Glück.

Die Zimmer und das Hotel war schon in die Jahre gekommen. Und das Bett war dann doch kleiner als gedacht. Also bot ich an, auf dem Boden zu schlafen. Es war vorerst meine letzte Nacht auf dem AT.

Nach dem Duschen, welch ein Luxus, gingen wir in die Bar essen. Nun war der Barkeeper schon besser gelaunt. Das Essen war gut und es gab kaltes Yengling Bier! Was wollten wir mehr.

Nach dem Essen gingen wir uns die Füsse vertreten und gingen durch diesen kleinen Ort.

Im Ort war ein grosser alter Holzpavillion, der einst mal eine überdachte Rollschuhbahn oder ähnliches war. Nun wurde dieser

Pavillion als Schlafplatz für Wanderer auf dem AT genutzt. Es standen Holzbänke und Tische herum, ein alter Ledersessel und diverser anderer Kram. Es sah eher aus wie Gegenstände vom Sperrmüll. Aber es war überdacht und es gabe einen Wasserhahn mit Leitungswasser etwa 50 Meter entfernt. Und es gab ein Logbuch. Wir guckten nach, ob River hier gewesen war. Und das war er mit Chef. Wir hinterließen für ihn eine Nachricht, dass er sich umgehend bei Happy Feet melden sollte.

Wir trafen Boston, der sich Essen hierher hatte liefern lassen. Und wir trafen auf zwei junge Frauen zwischen 17 und 18 Jahre. Sie erzählten, dass sie im März in Georgia gestartet sind und nordwärts gehen. Happy Feet fragte, wie es denn war im Schnee zu gehen. Denn sie hatte ja Erfahrung mit Schnee auf dem Trail gemacht. Darauf gaben sie eine unglaubhafte Antwort. Sie hatten sich heute in den nächsten grösseren Ort mitnehmen lassen und neue Schuhe gekauft. Ihre Schuhe waren aufgetragen. Das stimmte. Ihre Schuhe sahen sehr neu aus.

Insgesamt machten sie auf mich einen frischen Eindruck und nicht wie vor drei Monaten losgewandert. Auch ihre Rucksäcke sahen noch nicht so abgetragen aus. Ich konnte das nicht glauben.

Ich fragte hinterher Happy Feet, ob sie das glauben wollte. Sie meinte auch, da stimmte irgendetwas nicht. Wer bereits seit drei Monaten auf dem Trail unterwegs ist, sieht nicht so frisch und sauber aus. Sie bestätigte mich in dem, was ich sah. Vermutlich sind sie auch einige Strecken gewandert und haben sich per Anhalter mitnehmen lassen oder sind mit dem Zug gefahren. Hinzu kam die Art, was sie an zusätzlichem Gepäck, neben dem Rucksack, mit sich führten. Kein hiker schleppt freiwillig noch je eine Plastiktüte mit Essen und Getränken mit sich. Es wird entweder vernichtet, also sofort gegessen, oder in den Rucksack umgepackt. Und schlechtes Wetter und Schnee hatten sie auch nicht erlebt. Wo sind die beiden unterwegs gewesen?

Wir machten uns weiter auf die Suche nach River und ließen die drei dort im Pavillion zurück.

Wir gingen zum ehemaligen Gefängnis, dem jailhouse, das sich jetzt Fire Department Club nannte. Dies war direkt neben der Feuerwehr, die anscheinend diese Bar betrieben. Wir wurden hereingebeten. Um dort etwas zu trinken, mussten wir Clubmitglieder oder Gäste werden. Dazu brauchten wir uns nur in das Gästebuch eintragen. Und schon bekamen wir günstige Getränke. Wie witzig.

Wir kamen mit den dort sitzenden Gästen ins Gespräch. Aber einen Typen mit Namen River kannte niemand. Und im Gästebuch fanden wir auch keinen Hinweis auf River.

Als sie hörten, dass ich Deutsche sei, boten sie mir deutsches Bier an: Heineken. Ich lehnte dankend ab und trank mein mittlerweile Lieblingsbier, ein Yengling.

Am nächsten Morgen wollte uns Michael, Happy Feets Vater, abholen. Deshalb wollten wir nicht zu spät ins Bett gehen. Obwohl wir noch lange fernsahen.

# Bye bye AT

**12.05.2014**

Am Morgen duschten wir und checkten aus.

Wir gingen noch einmal zum Pavillion und verabschiedeten Boston und die beiden girls. Gegen 9.30 h trafen wir Michael, der uns abholte. Das Wiedersehen war sehr herzlich und wir hatten viel zu erzählen.

Wir fuhren dann in Richtung Delaware, wo Michael wohnt. Unterwegs hielten wir zum Frühstücken an einem Restaurant an. Es gab viel und leckeres Frühstück, Pancakes, Omelett, Bratkartoffeln usw.

Ich wollte mich bedanken und bezahlen. Das durfte ich nicht. Ich war zu Gast in den USA und durfte nicht bezahlen.

Wir fuhren etwa 2 Stunden durch Pennsylvania bis wir bei Michael Zuhause waren. Unterwegs hielten wir bei einem Amish Hof und kauften Gemüse.

Pennsylvania ist ein sehr grüner Staat mit viel Landwirtschaft.

Hier leben sehr viele Amish Leute, die ihre landwirtschaftlichen Höfe ohne Technik betreiben und ohne moderne Hilfsmittel. Es wird noch wie vor 200 Jahren angebaut und geerntet. Selbst im Haushalt gibt es keine technischen Geräte. Es wird auf Kohleöfen gekocht, die Wäsche von Hand gewaschen und Kleidung selbst hergestellt, vom Weben übers Färben bis zum Nähen.

Sie sind sehr fleißig und verkaufen ihr Obst und Gemüse, das ohne Pflanzenschutzmittel angebaut wird. Sie benutzen Pferde zum Ziehen ihrer Kutschen und für die Feldarbeit.

Jeder Amish darf und soll, wenn er/ sie 17 Jahre wird, die Gemeinschaft für ein Jahr verlassen und in der Gesellschaft außerhalb der Amish leben. Diese Erfahrung dient der Entscheidung, entweder in der Gemeinschaft zu bleiben und eine Familie zu gründen oder sie zu verlassen.

Happy Feet wusste sehr viel über Amish, da in ihrer Junior High School eine Amish Mitschülerin war und sie lange Kontakt zueinander hatten.

Ich fand es sehr spannend, so viele Amish zu sehen.

Bei Michael angekommen, wurden wir von Happy Feets älteren Bruder begrüßt, der bei Michael lebt. Außerdem freuten sich ihre Hunde Sassy und Fancy wie verrückt, als sie Happy Feet sahen.

Michael und Happy Feet zeigten mir das Haus und den Hof mit den Pferden. Es liegt schön ruhig am Ende einer privaten Straße, direkt am Waldrand.

Wir verbrachten den Nachmittag mit erzählen, ausruhen, mit den Hunden spielen, Wäsche waschen, guten Kaffee trinken usw.

Michael möchte Happy Feet auf der Strecke der „100 Meilen Wildnis" in Maine begleiten. Er ist gut trainiert und wird es sicher schaffen. Diese Strecke ist ein Teil, den seine verstorbene Frau nicht mehr geschafft hat. Deswegen und als Unterstützung für Happy Feet möchte er die Strecke mitwandern.

Er könnte sich vorstellen, slackpacking zu machen. Sie fahren mit zwei Autos los und stellen ein Auto eine Tagesstrecke voraus ab. Dann fahren sie mit dem anderen Auto zurück und lassen es stehen. Dann gehen sie zusammen die Strecke, steigen in das zweite Auto und holen das erste ab. Das klingt etwas kompliziert, aber ist total einfach. Der Vorteil ist, dass du nicht viel mitnehmen musst. Du brauchst nur deine Tagesration an Essen und Trinken und Regensachen. Das sind wenige Kilo und du kommst leichter und schneller voran. Während der 100 Meilen Wildnis gibt es keine Möglichkeit Essen zu kaufen. Es ist die letzte Etappe bis zum Mount Katahdin, dem Ziel des AT. Viele Wanderer schicken auch hier ihr

Essen voraus an Poststellen oder private Adressen, die eine Abstellmöglichkeit anbieten.

Die letzten 100 Meilen sollen noch einmal eine grosse Herausforderung sein. Der Weg besteht aus vielen spitzen Steinen, was das Wandern sehr unangenehm macht und du nicht schnell vorankommst. Und es gibt kaum grün, nur steinige Landschaft zu sehen.

Am Abend fuhren wir zu Happy Feets Tante, Tante Patti. Sie wohnt etwa 30 Minuten Autofahrt von dort in Delaware.

Dort angekommen wurde ich wieder so herzlich begrüßt, wie ein Familienmitglied. Wir trafen Happy Feets jüngeren Bruder Tom mit seiner Frau. Sie wohnen etwa 1 Autostunde entfernt und freuten sich, uns zu sehen. Das hatte Michael so eingefädelt.

Ich erlebte eine Überraschung nach der anderen.

Tante Patti besitzt ein riesiges Haus mit vielen Zimmern. Da Michael nicht genügend Platz für uns hat, sollen wir heute hier schlafen und morgen würde mich Happy Feet zum Bahnhof bringen. Das Haus hatte Platz für viele Gäste. Und sie lud mich ein, solange zu bleiben, wie ich wollte. Ich könnte das Auto benutzen, das vor der Tür stand. Ihr Haus wäre auch mein Haus.

Es war verrückt. Ich wurde hier wie ein Mitglied der Familie in die Arme genommen und wir hatten einen tollen Abend. Wir saßen lange zusammen und unterhielten uns.

Ich zeigte später Tante Patti im internet, wo ich herkam und sie fand die Stadt total bezaubernd. Sie war auch schon viel herumgekommen, da sie viel segelt. Ihre 5 Kinder sind alle erwachsen und haben schon eigene Kinder. Ihr Mann ist leider vor einigen Jahren verstorben. Er war Tierarzt und hatte eine Praxis direkt nebenan. Somit hat sie viel Zeit und engagiert sich u. a. ehrenamtlich in einer Hilfsorganisation.

Sie hatte im Wohnzimmer ein Original Shuffle-Board stehen und so spielten wir Shuffle- Board.

Es war ein sehr schöner Abend.

Es fiel mir immer schwerer zu gehen.

Es war eine tolle Erfahrung. Ich war sechs Wochen hier und bin über 200 Meilen auf dem AT gewandert. Das können nicht viele nachweisen. Sicher war mein Ziel, bis zum Mount Katahdin zu gehen. Aber

Im not there yet but I´m closer than I was yesterday.

Ich war hier und habe trotzdem jeden Tag genossen.

Ich bin 8000 Meilen über den Ozean geflogen um hier in der Wildnis zu wandern. Nach all den anfängliche Störungen und der Verspätung traf ich dann am ersten Tag auf dem AT diese Frau, Happy Feet. Eine Polizistin trifft eine Staatsanwältin.

Sie suchte jemanden zum Wandern und ich brauchte einen guide. Und wir stellten fest, dass es supergut passte. Wir kannten uns gar nicht und mussten uns dann aufeinander verlassen. Wir meisterten einige kuriose Dinge und lernten nette Menschen kennen. Wir gingen zusammen Meile um Meile und verfluchten bei jedem Anstieg die ATC. Wir zweifelten zusammen und lachten über uns. Hey ist das Schicksal? So einen Menschen triffst du nur einmal im Leben. Und sie glaubte auch nicht, dass sie auf dem AT noch einmal jemanden wie mich treffen würde.

Michael bestätigte die Einschätzung. Er stand die ganze Zeit über in Kontakt mit Happy Feet und sie hat ihm viel über unsere gemeinsame Zeit, unsere Erlebnisse und Gespräche berichtet. Deswegen nahm er mich auch so herzlich auf. Ich gehörte zur Familie, in seinen Augen.

Das war ein großes Kompliment an mich. Das konnte ich nur zurückgeben. Es war mir eine Ehre gewesen.

Am nächsten Tag würde ich mit einem Zug nach Washington DC fahren.

Diese Nacht war sehr kurz.

**13.05.2014**

Am Morgen gab es ein tolles Frühstück von Tante Patti. Und der Abschied rückte immer näher.

Wir plauderten noch viel über uns, waren aber in Gedanken schon beim Abschied.

Gegen Mittag brachte mich Happy Feet zum Bahnhof. Dabei sprachen wir nicht viel. Ich glaube, sie hatte genau wie ich einen Kloß im Hals. Und keiner von uns beiden wollte den Abschied.

Ich war so hin- und hergerissen.

Am Bahnhof gab ich ihr ein Andenken an mich. Wir umarmten uns noch einmal sehr herzlich und hatten beide Wasser in den Augen.

Ich nahm meinen Rucksack, wir wünschten uns enjoy your trip, enjoy your hike und take care. Und das meinten wir auch so.

Und dann fuhr sie schon davon. Ich winkte und betrat den Bahnhof. Ich kaufte mein Zugticket und wartete. Hier durfte ich sogar am Gleis warten.

Die Sonne schien und ich war hier.

Im Zug warf ich meinen Rucksack zwischen die Sitze und setzte mich an einen Fensterplatz.

Das war es nun. So fühlt sich das an, wenn du den Trail verlässt. Mir liefen die Tränen. Und ich wusste nicht, was überwiegte. War es der Abschied von Happy Feet und dem Trail? Oder war es die Anspannung die jetzt abfiel? Oder sogar die Vorfreude auf Zuhause? Es war irgendwie alles. Ich fühlte mich schlecht und ich fühlte mich gut.

In Washington DC musste ich mit der Metro bis zum Motel fahren. In der Metro fiel ich mit dem großen Rucksack auf. Einige sprachen mich an, ob ich wandern war. Und ich antwortete natürlich, woher ich kam. Die Augen wurden dann immer sehr groß vor Erstaunen und sie lobten mich mit „good job".

Die nächsten Tage bis zum Abflug vergingen wie im Flug. Ich sah mir noch viel in Washington an, unter anderem das Capitol und Museen. Das alles kostet keinen Eintritt.

An dem Tag, als ich mir das Capitol vorgenommen hatte, war es gesperrt. Es war Memorial Day und der Vize-Präsident sprach vor dem Capitol. Es war sehr viel Polizei und Feuerwehr aus vielen US-Staaten da, mit Autos, zu Pferd und auf Motorrädern. Es gab viele Musik-Kapellen, sogar einige mit Dudelsäcken.

Alle offiziellen Gebäude hatten Halbmast geflaggt.

Der Tag wird jährlich immer Ende Mai zelebriert zu Ehren der getöteten und verstorbenen Feuerwehrmänner und– Frauen und Polizisten.

Die Feier war eine sehr würdevolle Zeremonie.

Parallel dazu eröffnete an dem Tag Barack Obama, PotUS, in New York City am Ground Zero das 9-11 Museum. Ich sah am Abend in den TV- Nachrichten mehrere Berichte darüber.

Einige Tage später fuhr ich noch einmal zum Capitol, um es mir von innen anzusehen.

Der Eintritt ist frei und du bekommst eine Führung. Wieder kam ich mit sehr netten Amerikanern ins Gespräch, die sich erkundigten, was ich hier machen würde. Und wieder mussten wir alle lachen.

Vor der Führung sahen wir einen kurzen Film über die Unabhängigkeitserklärung Amerikas und die Gründung von Washington DC anno 1790. Danach wurden wir über verschiedene Ebenen im Capitol geführt. Sehr interessant war die Deckenmalerei im Dom, der die gesamte Geschichte Amerikas abbildet. Einige Teile waren abgehängt, da hier gerade renoviert wurde.

In der Mitte des Domes befindet sich der Mittelpunkt von Washington DC, von wo aus alle Straßen aufsteigend ihre Nummerierung erhielten.

Nach so viel Geschichte über Amerika tat etwas Essen und Shopping gut. Ich brauchte noch einige Mitbringsel für die Familie Zuhause.

Im Flugzeug nach Hause überkamen mich wieder alle Gefühle. Aber ich freute mich wie verrückt auf Zuhause.

Und wer weiß, vielleicht komme ich noch einmal wieder.


Ich schreibe mir hin und wieder mit Happy Feet, die ihren Weg auf ihre Art gegangen ist. Sie litt unter Sehnenscheidenentzündungen in den Schienenbeinen und konnte in New Jersey keinen Schritt mehr weitergehen. Aufgeben wollte sie nicht. Also kaufte sie sich ein Fahrrad und fuhr parallel zum Appalachian Trail bis zum Mount Kathadin in Maine. Und weil das noch nicht reichte, fuhr sie mit dem Zug bis Virginia zurück und fuhr dann mit dem Fahrrad nach Hause, nach Louisiana.

Im November durchzog die Südstaaten eine gemeine Kältewelle mit Eis und Schnee und ich machte mir ernsthaft Sorgen. Aber sie schrieb dann, daß sie nur noch 50 Meilen von Zuhause entfernt war.

Wow. Sie hatte es geschafft. Sie schrieb, daß ihre Steine, die sie mit sich herumtrug, nun nicht mehr so schwer sind.

# Die Rückkehr

## Juli 2014

Nach meiner Rückkehr brauchte ich Zeit, um wieder Zuhause anzukommen. Die eine Seite war das Körperliche. Mir schmerzten meine Knie, beim Treppensteigen, wenn ich in die Knie gehen musste, beim Hocken usw. und das hielt etwa zwei Monate an. Vermutlich auf Grund der ernormen Belastung.

Ich fand auch zu meinem Normalgewicht zurück. Aber die Hungerattacken machten mir zu schaffen. Jeder kennt das. Wenn du Hunger bekommst, machst du dir etwas zu Essen. Das kann dann auch bis zu einer Stunde andauern mit der Vor- und Zubereitung, ohne dass es dir schlecht geht.

Bei mir war es anders. Wenn ich Hunger bekam, musste ich sofort, also unmittelbar etwas Essen. Sonst fiel mein Zuckerspiegel rapide ab, dass mir ganz schwummerig wurde und ich nichts mehr machen konnte. Diese Attacken hielten auch einige Wochen an. Und sie kamen immer sehr plötzlich, auch wenn ich vor kurzer Zeit etwas gegessen hatte. Mein Mann fand das auch sehr spooky.

Das andere waren die eigenen Ansprüche und Wünsche an das Leben und den Wohlstand.

Die Annehmlichkeiten der Zivilisation zu haben und zu genießen. In einem Bett zu schlafen, die tägliche Dusche und einen vollen Kühlschrank zu haben, sich keine Sorgen um Essen und Trinken machen zu müssen und auch ein sicheres Dach über dem Kopf zu haben. Das ist schon eine Menge. Selbst Dinge, die ich mir jemals gewünscht und geleistet habe, waren nun nicht mehr so wichtig. Nach dieser Zeit der Reduzierung auf das Nötigste, fand ich, dass ich weniger brauchte. Ich wurde nun nicht so extrem, dass ich alles weggab. Aber ich räumte bewusst mal auf und gab viel weg. Das kann sehr befreiend sein :) .

Natürlich machten mein Mann und ich Urlaub, was total schön war, die Zeit gemeinsam zu verbringen. Es gibt nichts kostbareres, als Zeit füreinander zu haben.

In den nächsten Wochen sprachen wir viel über den Trail und meine Begegnungen und Erlebnisse. Ich dachte bei meiner Abreise in Pennsylvania, dass ich in diesem Leben vermutlich dort nicht wieder hinkommen würde. Und hatte mich still vom AT verabschiedet.

Ich fand den Gedanken okay. Das fühlte sich für mich gut an.

Ich war da.

Ich war auf dem Appalachian Trail, wo ich schon lange hinwollte.

Ich bin über 350 km gewandert, dort in der Wildnis.

Ich habe ein tolle Frau kennen gelernt. Eine Freundin auf der anderen Seite der Welt gefunden.

Ich hatte eine tolle Zeit, die mir keiner mehr nehmen kann.

I´m not there yet but I am closer than I was yesterday. Dieser Spruch begleitete mich die ganze Zeit. Und so konnte ich auch loslassen.


Wenn ich noch einmal auf dem Trail wandern würde, dann mit meinem Mann zusammen.


Was am Anfang ein ausgesprochener Gedanke war, entwickelten wir weiter und irgendwann kamen wir auf die Idee, das wir, mein Mann und ich, dort auch gemeinsam einen Teil wandern könnten. Es gibt Abschnitte, die landschaftlich sehr schön sind und nicht so hohe Anforderungen an Wanderer stellen.

Wir dachten an den Shenandoah Nationalpark.

Durch den Nationalpark verläuft der AT und es sind 110 Meilen durch den gesamten Park. Im Park gibt es mehrere Campingplätze und drei

Lodges, also Motels, wo man übernachten kann, wenn man sich etwas Komfort leisten möchte.

Der Shenandoah beginnt etwa 80 Meilen südlich von Washington DC entfernt.

Ich fand heraus, dass man mit Zug und Bus von Washington DC aus bis zum „Südeingang" des Shenandoah in Waynesboro, West Virginia, fahren kann. Dort war damals Happy Feet auf dem AT gestartet, im März und bei dichtem Schneegestöber.

Also planten wir nun einen gemeinsamen Ausflug zum AT.

Wir beantragten beide ein sabbatical für drei Monate. Wir waren uns einig, dass wir erst im Mai starten wollen, um nicht noch einen Wintereinbruch zu erleben, wie ich ihn erlebt habe.

Unsere Familie und Freunde reagierten erst skeptisch, als wir von der Idee berichteten. Später stellten sie aber fest, dass wir eine große Chance haben, es gemeinsam zu schaffen. Und so wurden wir von allen unterstützt.

Wir besorgten die Ausstattung und bereiteten uns vor.

Im Mai 2016 flogen wir nach Washington DC und begaben uns nach Waynesboro, WV.

Von hier starteten wir unser Abenteuer.

Es war zu Anfang nicht wirklich wärmer und es regnete viel. Aber es entwickelte sich immer besser. Es wurde sehr heiß.

Wir schafften in 19 Tagen den Shenandoah Nationalpark und haben in der Zeit jede Menge erlebt. Wir trafen allein 9 mal auf Schwarzbären.

Nach dem Shenandoah, 110 Meilen bergauf und bergab, über viele Steine klettern, viel Schweiß und Grenzerfahrung, reichte es meinem Mann und ich muss ihn sehr loben. Er hat das alles super gemacht. Ich habe an manchen Tagen gedacht, wenn er jetzt hinschmeißen würde, könnte ich es nachvollziehen. Aber es passierte nicht. Er zog das durch und wollte danach keinen Meter mehr auf dem AT wandern.

Somit habe ich nun über 570 km geschafft.

Und ich bin noch nicht fertig...